弟子规 名贤集

李毓秀◎原著　　林大为◎主编

吉林大学出版社

图书在版编目（CIP）数据

弟子规·名贤集／林大为主编. —长春：吉林大

学出版社，2010. 3

（无障碍读国学）

ISBN 978 – 7 – 5601 – 5600 – 2

Ⅰ. ①弟… Ⅱ. ①林… Ⅲ. ①汉语—古代—启蒙读物
②弟子规—注释③名贤集—注释 Ⅳ. ①H194. 1

中国版本图书馆 CIP 数据核字（2010）第 054701 号

书名：无障碍读国学 弟子规·名贤集

作者：林大为 主编

责任编辑、责任校对：曲天真 封面设计：凤苑阁设计

吉林大学出版社出版、发行 北京中振源印务有限公司 印刷

开本：787 × 1092 毫米 1/16 2010 年 07 月第 1 版

印张：10 字数：150 千字 2019 年 1 月第 5 次印刷

ISBN 978 – 7 – 5601 – 5600 – 2 定价：29. 80 元

社址：长春市明德路 421 号 邮编：130021

发行部电话：0431 – 88499826

网址：http：//www. jlup. com. cn

E – mail：jlup@ mail. jlu. edu. cn

目　录 Contents

目

录

○○一

目 录 Contents

无障碍读国学

弟子规

　　《弟子规》以《论语》"学而篇"弟子入则孝，出则悌，谨而信，泛爱众，而亲仁，余力学文为中心，分为五个部分，具体列述弟子在家、出外、待人、接物与学习上应该恪守的守则规范，是专门给孩子讲解怎样做人、怎样处世的启蒙读物。

弟子规全文

弟子规　圣人训　首孝悌　次谨信
泛爱众　而亲仁　有余力　则学文
父母呼　应勿缓　父母命　行勿懒
父母教　须敬听　父母责　须顺承
冬则温　夏则清　晨则省　昏则定
出必告　反必面　居有常　业无变
事虽小　勿擅为　苟擅为　子道亏
物虽小　勿私藏　苟私藏　亲心伤
亲所好　力为具　亲所恶　谨为去
身有伤　贻亲忧　德有伤　贻亲羞
亲爱我　孝何难　亲恶我　孝方贤
亲有过　谏使更　怡吾色　柔吾声
谏不入　悦复谏　号泣随　挞无怨
亲有疾　药先尝　昼夜侍　不离床
丧三年　常悲咽　居处辨　酒肉绝
丧尽礼　祭尽诚　事死者　如事生
兄道友　弟道恭　兄弟睦　孝在中
财物轻　怨何生　言语忍　忿自泯
或饮食　或坐走　长者先　幼者后
长呼人　即代叫　人不在　己即到

称尊长　勿呼名　对尊长　勿见能
路遇长　疾趋揖　长无言　退恭立
骑下马　乘下车　过犹待　百步余
长者立　幼勿坐　长者坐　命乃坐
尊长前　声要低　低不闻　却非宜
进必趋　退必迟　问起对　视勿移
事诸父　如事父　事诸兄　如事兄
朝起早　夜眠迟　老易至　惜此时
晨必盥　兼漱口　便溺回　辄净手
冠必正　纽必结　袜与履　俱紧切
置冠服　有定位　勿乱顿　致污秽
衣贵洁　不贵华　上循分　下称家
对饮食　勿拣择　食适可　勿过则
年方少　勿饮酒　饮酒醉　最为丑
步从容　立端正　揖深圆　拜恭敬
勿践阈　勿跛倚　勿箕踞　勿摇髀
缓揭帘　勿有声　宽转弯　勿触棱
执虚器　如执盈　入虚室　如有人
事勿忙　忙多错　勿畏难　勿轻略
斗闹场　绝勿近　邪僻事　绝勿问
将入门　问孰存　将上堂　声必扬
人问谁　对以名　吾与我　不分明

用人物　须明求　傥不问　即为偷
借人物　及时还　后有急　借不难
凡出言　信为先　诈与妄　奚可焉
话说多　不如少　惟其是　勿佞巧
奸巧语　秽污词　市井气　切戒之
见未真　勿轻言　知未的　勿轻传
事非宜　勿轻诺　苟轻诺　进退错
凡道字　重且舒　勿急疾　勿模糊
彼说长　此说短　不关己　莫闲管
见人善　即思齐　纵去远　以渐跻
见人恶　即内省　有则改　无加警
惟德学　惟才艺　不如人　当自励
若衣服　若饮食　不如人　勿生戚
闻过怒　闻誉乐　损友来　益友却
闻誉恐　闻过欣　直谅士　渐相亲
无心非　名为错　有心非　名为恶
过能改　归于无　倘掩饰　增一辜
凡是人　皆须爱　天同覆　地同载
行高者　名自高　人所重　非貌高
才大者　望自大　人所服　非言大
己有能　勿自私　人有能　勿轻訾
勿谄富　勿骄贫　勿厌故　勿喜新

人不闲　勿事搅　　人不安　勿话扰
人有短　切莫揭　　人有私　切莫说
道人善　即是善　　人知之　愈思勉
扬人恶　即是恶　　疾之甚　祸且作
善相劝　德皆建　　过不规　道两亏
凡取与　贵分晓　　与宜多　取宜少
将加人　先问己　　己不欲　即速已
恩欲报　怨欲忘　　报怨短　报恩长
待婢仆　身贵端　　虽贵端　慈而宽
势服人　心不然　　理服人　方无言
同是人　类不齐　　流俗众　仁者稀
果仁者　人多畏　　言不讳　色不媚
能亲仁　无限好　　德日进　过日少
不亲仁　无限害　　小人进　百事坏
不力行　但学文　　长浮华　成何人
但力行　不学文　　任己见　昧理真
读书法　有三到　　心眼口　信皆要
方读此　勿慕彼　　此未终　彼勿起
宽为限　紧用功　　工夫到　滞塞通
心有疑　随札记　　就人问　求确义
房室清　墙壁净　　几案洁　笔砚正
墨磨偏　心不端　　字不敬　心先病
列典籍　有定处　　读看毕　还原处
虽有急　卷束齐　　有缺损　就补之
非圣书　屏勿视　　蔽聪明　坏心志
勿自暴　勿自弃　　圣与贤　可驯致

总叙

【原文】

弟子规　圣人训①　　首孝悌②　次谨信③

泛爱众　而亲仁④　　有余力　则学文

【释义】

①规：法度，准则。训：教导，训导。

②孝悌（tì）：《荀子·王制》："能以事亲谓之孝，能以事兄谓之弟。"

③信：诚实。

④亲仁：亲近有德行的人。

【解说】

　　《弟子规》这本书的内容，是圣人对学生的训示：首先要孝敬父母，尊敬兄长，其次要对自己谨慎约束，对人诚实可信。博爱民众，并亲近有德行的人。做好了这些如果还有余力，就去学习文化知识。

弃官寻母

朱寿昌,宋代天长人,七岁时,生母刘氏被嫡(dí)母(父亲的正妻)嫉妒,不得不改嫁他人,五十年母子音信不通。

神宗时,朱寿昌在朝做官,曾经刺血书写《金刚经》,行四方寻找生母,得到线索后,决心弃官到陕西寻找生母,发誓不见母亲永不返回。

终于在同州(今山西大荔)遇到生母和两个弟弟,母子欢聚,一起返回,这时母亲已经七十多岁了。

朱寿昌弃官寻母的孝行,受到王安石和苏轼等人的赞美。

入则孝

【原文】

父母呼　应勿缓①　父母命　行勿懒

父母教　须敬听　父母责　须顺承

【释义】

①父母呼,应勿缓:《礼记·玉藻》:"父母呼,唯而不诺,手执业而投之,食在口则吐之,走而不趋。"

【解说】

当父母呼唤的时候,应当立刻答应,不能迟缓,执行父母命令的时候,

应当立即行动起来，不能拖延偷懒。对父母的教诲，要恭敬地听明白，对父母的责备，要顺从地接受。

【故事】

孟母断机

　　孟子是古代儒家代表之一，著有《孟子》七篇。孟子小的时候，并不太珍惜学习的机会，有一天读书厌倦了，就跑出学堂去玩。后来孟子的母亲知道了，非常生气，就在织布的时候，把织布的梭（suō）子折断，扔在地上。孟子很奇怪，就问母亲为什么生气。母亲说："织布要一寸一寸地织，才能织成。但是如果把梭子折断了，不去织它，还能织成一匹布吗？你的学业也一样啊，你还没有学成就厌倦了，怎么能够成为有用的人呢！"孟子听了，明白了做学问的道理，从此发奋学习，终于成为一代大师。

【原文】

冬则温　夏则清①　　晨则省　昏则定②

出必告　反必面　　居有常　业无变

【释义】

　　①冬则温，夏则清：《二十四孝·扇枕温衾（qīn）》："后汉黄香，年九岁，失母，思慕惟切。乡人称其孝。身执勤苦，事父尽孝。夏天暑热，扇凉其枕簟（diàn）。冬天寒冷，以身暖其被席。"清：凉。

　　②定：安定，这里指侍候父母睡下。

【解说】

冬天寒冷的时候要照料父母,使其温暖,夏天炎热的时候则让父母清爽凉快。早晨要向父母请安,晚上要侍候父母安眠。外出办事时,必须禀告父母,回来后也要面告父母,以免父母挂念。居处要在固定的地方,职业要稳定不能经常变化。

【故事】

扇枕温衾

黄香,东汉江夏安陆人,九岁丧母,事父极孝。

酷夏时为父亲扇凉枕席,寒冬时用身体为父亲温暖被褥。

少年时即博通经典,文采飞扬,京师广泛流传"天下无双,江夏黄香"。

安帝(107年-125年)时任魏郡(今属河北)太守,魏郡遭受水灾,黄香尽其所有赈济灾民。

著有《九宫赋》、《天子冠颂》等。

【原文】

事虽小　勿擅为　　苟①擅为　子道②亏

物虽小　勿私藏③　苟私藏　亲心伤

【释义】

①苟:假使,如果。

②子道:做儿子的礼仪。

③物虽小,勿私藏:《礼记·坊记》:"父母在,不敢有其身,不敢私其财也,示民有上下也。"

【解说】

　　不要因为事情小就擅自去做，假如自作主张地去做事，就不符合做儿子的礼仪。即使是一些微不足道的东西，也不要私自把它们藏起来。假如你把东西藏起来，一旦被发现，父母一定会非常生气。

【故事】

车胤囊萤

　　东晋人车胤(yìn)，年幼时好学不倦，勤奋刻苦。他白天帮大人干活，夜晚便捧书苦读。可是由于家境贫寒，常常没钱买油灯，书也读不成了。他为此十分苦恼。

　　一个夏夜的晚上，车胤坐在院子里默默回忆着读过的书上的内容，忽然发现院子里有许多萤火虫一闪一闪地在空中飞舞。他忽然心中一动，要是把这些萤火虫聚集在一起，借它们的光不就可以读书吗？于是，他开始捉萤火虫，捉了十几只，把它们装在白纱布缝制的口袋里，挂在案头。从此，他每天借着萤光苦苦地读书，最后终于成为一个大学问家。

【原文】

　　亲所好　力为具①　　亲所恶②　谨为去

　　身有伤③　贻④亲忧　　德有伤　贻亲羞

【释义】

①具：准备。

②恶：讨厌。

③身有伤：《孝经》："身体发肤受之父母，不敢毁伤，孝之始也。立身行道，扬名于后也，以显父母，孝之终也。"

④贻（yí）：遗留。

【解说】

凡是父母所喜好的东西，应该尽力去准备；凡是父母所厌恶的事物，要小心谨慎地去除（包括自己的坏习惯）。如果身体受了伤，就会给父母带来忧愁；如果品行上有什么缺失，就会使父母蒙受羞耻。

【故事】

拾椹异器

汉朝有个蔡顺，从小就没有了父亲，他非常孝顺。那时候正逢着王莽的变乱，年岁又荒。没有饭吃了，他就拾了桑树上结的果子，去供奉母亲。用一个器皿装着黑的桑子，又用另一个器皿装红的桑子。赤眉军见了很奇怪，就问他这是什么缘故。蔡顺说，黑的奉养母亲，红的自己吃。赤眉军怜悯他的孝心，送给他三斗白米，一头牛，带回去供奉他的母亲，以示敬意。

【原文】

亲爱我　孝何难　　亲恶我　孝方贤

亲有过　谏使更　　怡吾色　柔吾声①

【释义】

①亲有过，谏使更，怡吾色，柔吾声：《礼记·内则》："父母有过，下气怡(yí)色，柔声以谏(jiàn)。谏若不入，起敬起孝，说则复谏。"

【解说】

父母爱我关心我，我孝敬父母又有什么困难呢；父母憎恶我，我还能克尽孝道，这种孝才算是真正的孝道。父母如果有过错，做子女的应该多次规劝使其改正；规劝时一定要和颜悦色，说话时声音一定要轻柔。

【故事】

芦衣顺母

这里说的是闵(mǐn)损的故事。闵损也是孔子的弟子，在孔门中以德行闻名而与颜渊并称。孔子曾赞扬他说："孝哉，闵子骞(qiān)！"闵损生母早死，父亲娶了后妻，又生了两个儿子。继母经常虐待闵损，冬天的时候，继母给自己的两个儿子穿棉花做的冬衣，却给闵损穿芦花做的"棉衣"。一天，闵损和父亲一同出门，闵损驾车时冻得全身打颤，将绳子掉落地上，遭到父亲的斥责和鞭打，芦花随着打破的衣缝飞了出来，父亲方知闵损受到虐待。父亲返回家之后，要休掉后妻。闵损跪地恳求父亲饶恕继母，说："留下母亲只是我一个人受冷，可是若休了母亲三个孩子都要挨冻。"父亲十分感动，就依了他。继母听了闵损的一席话，悔恨交错，从此对待闵损如亲生儿子。

【原文】

谏不入 悦复谏 号泣随 挞无怨①

亲有疾 药先尝 昼夜侍 不离床

【释义】

①号泣随,挞无怨:《礼记·内则》:"子之事亲也,三谏而不听,则号泣而随之。""父母怒不说(通悦),而挞(tà)之流血,不敢疾怒,起敬起孝。"号泣:大哭。挞:打。

【解说】

如果父母不听子女规劝或不改正过错,等父母情绪好时再劝;如果还是不听,还要哭泣恳求,如果父母生气打子女,子女也甘愿接受绝无怨言。父母生病的时候,煎好的汤药,做子女的都要先尝一尝;照料生病的父母要日夜服侍在床前,不离开一步。

【故事】

汉文帝替母尝药

汉朝时的文帝,叫做刘恒,是汉高祖刘邦的第三个儿子。文帝很孝顺,他虽然做了皇帝,每天要处理很多公务,但是却从来没有忘记到母亲的房间进行问候;奉养这位母亲,从来没有懒惰的意思。

有一次,母亲薄太后生病,一直没有好转,汉文帝就不分日夜尽心照顾母后,把侍奉母后当成

弟子规

一件大事来做。怕宫女不够细心,文帝亲自服侍,总是殷殷勤勤,看护得精心周到。以致夜晚从没有睡过一个安稳的觉。就连母后的汤药,他也要亲自尝尝,确定热度和甘苦,才放心地端给母后服用。常言道:久病床前无孝子。汉文帝侍奉母亲,却从不懈怠,母亲足足病了三个年头,他也服侍了三年。这件事感动了文武百官及天下的百姓,后来,文帝侍母的故事成为了千古传颂的佳话。

【原文】

　　　　丧三年　常悲咽　　居处辨①　酒肉绝

　　　　丧尽礼　祭尽诚②　　事死者　　如事生

【释义】

　①居处辨:指夫妇不同居。

　②丧尽礼,祭尽诚:《论语·为政》:"生,事之以礼;死,葬之以礼,祭之以礼。"

【解说】

　　父母去世后要守丧三年,经常伤心痛哭,哀思亲恩。在守丧期间,要夫妻分居,还要不吃肉不饮酒。为父母守丧要完全按照礼法的规定去办,举行祭礼时要表达出极大的诚恳。对待已经去世的父母,要像父母在世时一样克尽孝心。

刻木事亲

丁兰,相传为东汉时期河内(今河南黄河北)人,幼年父母双亡。他经常思念父母,于是用木头刻成双亲的雕像,事之如生,凡事均和木像商议,每日三餐敬过双亲后自己方才食用,出门前一定禀告,回家后一定要打声招呼,从不懈怠。久之,其妻对木像便不太恭敬了,竟好奇地用针刺木像的手指,而木像的手指居然有血流出。丁兰回家,见木像眼中垂泪,问知实情,遂将妻子休弃。

出则弟

【原文】

兄道友　弟道恭　　兄弟睦①　孝在中

财物轻　怨何生　　言语忍　忿自泯②

【释义】

①睦:和睦。

②泯:尽,消失。

【解说】

作为兄长要善待弟弟,作为弟弟,要尊敬兄长。兄弟之间要和睦相处,对父母的孝心就包含其中了。彼此把财物看得很轻,兄弟之间的

弟子规

怨恨又从何而生呢。说话时做到互相忍让，怨恨就自然消失了。

【故事】

孔融让梨

东汉鲁国，有个名叫孔融的孩子，十分聪明，也非常懂事。孔融还有五个哥哥，一个小弟弟，兄弟七人相处得十分融洽。

有一天，孔融的妈妈买来许多梨，让大家分着吃。哥哥们让孔融和最小的弟弟先拿。

孔融看了看盘中的梨，发现梨子有大有小。他只拿了一只最小的梨子，津津有味地吃了起来。爸爸看见孔融的行为，心里很高兴。于是他故意问孔融："盘子里这么多的梨，又让你先拿，你为什么不拿大的，只拿一个最小的呢？"

孔融回答说："我年纪小，应该拿个最小的，大的应该留给哥哥吃。"

爸爸接着问道："你弟弟不是比你还要小吗？照你这么说，他应该拿最小的一个才对呀？"

孔融说："我比弟弟大，我是哥哥，我应该把大的留给小弟弟吃。"

爸爸听他这么说，哈哈大笑道："好孩子，你真是一个好孩子，以后一定会很有出息。"

【原文】

或饮食　或坐走　　长者先　幼者后

长呼人　即代叫①　人不在　己即到

【释义】

①长呼人，即代叫：年长者叫唤人时，即刻代为呼叫。

【解说】

在吃饭的时候，应当让年长者先开始；在坐的时候，应当让年长者先坐下；在走路的时候，让年长者走在前面，年幼的跟在后面。如果听见年长者叫唤人，就应立即代他去叫喊。如果叫喊的不在，自己就立即到年长者那里去看看有什么事。

【故事】

弃官奉亲

荥（xíng）阳中牟（mù）人潘岳，字安仁，晋武帝时任河阳县令。他事亲至孝，当时父亲已去世，就接母亲到任所侍奉。他喜植花木，天长日久，他植的桃李竟成林。每年花开时节，他总是挑一个风和日丽的好天，亲自搀扶母亲来林中赏花游乐。一年，母亲染病思归故里。潘岳得知母意，随即辞官奉母回乡。上官再三挽留。他说："我若是贪恋荣华富贵，不肯听从母意，那算什么儿子呢？"上官被他的孝心感动，便允他辞官。回到家乡后，他母竟病愈了。家中贫穷，他就耕田种菜卖菜，之后再买回母亲爱吃的食物。他还喂了一群羊，每天挤奶给母亲喝。在他精心护理下，母亲得以安度晚年。

【原文】

称尊长　勿呼名　对尊长　勿见能①

路遇长　疾趋揖②　长无言　退恭立

【释义】

①对尊长，勿见能：在尊长面前，不要自我表现自己的才能。见：表露，表现。

②疾趋揖：趋，跑，疾走。揖（yī）：古时候的拱手礼。

【解说】

称呼长者，不可以直呼其名，在尊长面前要表现得谦虚恭敬，不要自我表现才能。走在路上如果遇到尊长，要快步迎上去行礼问候。如果尊长不说话，要退到一旁恭恭敬敬地站立。

【故事】

陆羽弃佛从文

唐朝著名学者陆羽，从小是个孤儿，被智积禅师抚养长大。陆羽虽身在庙中，却不愿终日诵经念佛，而是喜欢吟读诗书。陆羽执意下山求学，遭到了禅师的反对。禅师为了给陆羽出难题，同时也是为了更好地教育他，便叫他学习冲茶。在钻研茶艺的过程中，陆羽碰到了一位好心的老婆婆，不仅学会了复杂的冲茶技巧，更学会了不少读书和做人的道理。当陆羽最终将一杯热气腾腾的苦丁茶端到禅师面前时，禅师终于答应了他下山读书的要求。后来，陆羽撰

写了广为流传的《茶经》，把祖国的茶艺文化发扬光大！

【原文】

骑下马　乘下车　　过犹待　百步余

长者立　幼勿坐①　　长者坐　命乃坐

【释义】

　　①长者立，幼勿坐：《礼记·曲礼》："见父之执，不谓之进不敢进，不谓之退不敢退，不问不敢对，此孝子之行也。"

【解说】

　　如果自己骑着马行路时遇见长者要下马，坐着车行路时遇到长者要下车；长辈走后，自己还要在原地呆会儿，等长辈走到百步以外，自己才能上马或上车。如果长辈站着，年幼的人就不可以坐下；长辈坐下以后，命令你坐，这时你才可以坐。

【故事】

信陵君敬老

　　信陵君是战国时期的四公子之一，是魏国国君的弟弟。虽然他的势力很大，有门客上千人，但是信陵君却是个敬老爱贤的人。有一次，他听说有一个看城门的老人侯嬴很有贤德，就十分郑重地前去请教。他亲自驾车把车上尊贵的位子空出来留给侯嬴。侯嬴也知道信陵君的名声，要看看他敬老爱贤是不是真的，所以信陵君去接他的时候，他故意装出傲慢的样子，但越是这样，信陵君对他越加恭敬。侯嬴见状,知道信陵君的敬老是真心的,于是痛快地做了他的门客。

【原文】

尊长前　声要低①　低不闻　却非宜

进必趋　退必迟　问起对　视勿移

【释义】

①尊长前,声要低:《礼记·曲礼》:"毋侧听,毋嗷应,毋淫视,毋怠荒。"

【解说】

在长辈面前说话,声音要低些;但是也不能太低,要是低到听不清楚,那也是不适宜的。在见尊长的时候,走路要快些,向尊长告退的时候,动作一定要缓慢;长辈问话时要站起来回答,双目望着长辈,不能左顾右盼。

【故事】

孝感动天

上古时期五帝之一的舜,是瞽瞍(gǔ sǒu)的儿子。从小就很孝顺父母。舜的生母在舜十几岁时故去了,舜的父亲瞽瞍是个盲人,据说很有音乐天分。他的第二任妻子,性情粗暴、凶狠。舜的母亲因家境贫困,常对他父亲出言不逊、横加

指责。她生了一个儿子名叫象。象长大后变得凶残、蛮横、傲慢无理，也常对父亲不恭敬。只有舜始终如一，不怨天尤人，对父母恭顺如常，对弟弟加倍关心、照顾，引导其改过自新。此超常之大孝心，感动上天。当舜在山下耕田时有神象相助；又有神鸟帮忙锄去荒草。当时的帝尧听说舜的孝行，特派九位侍者去服侍瞽瞍夫妇，并将自己的女儿娥皇和女英嫁给舜，以表彰他的孝心。后来尧把帝位"禅让"给舜。人们赞扬说，舜由一个平民成为帝王全由他的孝心所致。

【原文】

事诸父① 　如事父 　事诸兄 　如事兄

【释义】

①事诸父：《孟子·梁惠王上》："老吾老以及人之老，幼吾幼以及人之幼，天下可运于掌。"

【解说】

服侍叔伯等父辈，要像服侍自己的父亲一样恭敬。对待堂表兄，要像对待自己的胞兄一样恭敬。

【故事】

啮指痛心

曾参，字子舆（yú），春秋时期鲁国人，孔子的得意弟子，世称"曾子"，以孝

著称。

　　少年时家贫，常入山打柴。一天，家里来了客人，母亲不知所措，就用牙咬自己的手指。

　　曾参忽然觉得心疼，知道母亲在呼唤自己，便背着柴迅速返回家中，跪问缘故。

　　母亲说："有客人忽然到来，我咬手指盼你回来。"

　　曾参于是接见客人，以礼相待。

　　曾参学识渊博，曾提出"吾日三省吾身"（《论语·学而》）的修养方法，相传他著述有《大学》、《孝经》等儒家经典，后世儒家尊他为"宗圣"。

谨

【原文】

朝起早　夜眠迟　　老易至　惜此时

晨必盥　兼漱口①　　便溺回　辄净手②

【释义】

①盥（guàn）：洗手；洗脸。

②辄（zhé）：总是；就。

【解说】

　　清晨要早起，晚上要迟睡；一个人很容易从少年就到了老年，所以每个人都要珍惜此时此刻的宝贵时光。早晨起床后一定要洗脸洗手，在洗脸洗手的时候,还要刷牙漱口;每次大小便完毕,都要把手洗干净。

【故事】

百里负米

周朝,有个叫仲由的人,字子路。家里很贫穷,时常在外面采集野菜当食物。而子路为了赡养父母双亲,常常到百里以外的地方背回米来,尽到自己的孝心。父母去世以后,子路南游到楚国。楚王非常敬佩恭慕他的学问和人品,给子路加封到拥有百辆车马的官位。家中积余下来的粮食达到万担之多。但是子路仍然不忘父母的劳苦,感叹说,虽然希望再同以前一样生活,吃野菜,到百里之外的地方背回米来赡养父母双亲,可惜没有办法如愿以偿了。

【原文】

冠必正　纽①必结　　袜与履　俱紧切②

置冠服　有定位　　勿乱顿③　致污秽④

【释义】

①纽:纽带,系结用的带子。

②紧切:穿好鞋,结紧系带。

③顿:放置,安放妥当。

④秽(huì):污脏。

【解说】

戴帽子一定要戴端正,穿衣服时要把纽扣扣好;袜子和鞋子都要穿整齐,鞋带

要系紧。脱下来的帽子和衣服,应当放置在一个固定的地方;不能随便乱扔,以免把衣帽弄脏。

【故事】

鹿乳奉亲

周朝时,有一位叫郯(tán)子的,从小就很孝顺。他的父母年老的时候,双目均患眼疾,想吃鹿乳。郯子苦思冥想,终于想出一个办法。于是他穿上了鹿皮,往深山鹿群中走去,想这样去取得鹿乳供奉双亲,没想到被打猎的人发现。正当猎人举起弓箭要射杀他时,他急忙喊道:"我为了取得鹿乳,给患有眼疾的双亲吃才穿上鹿皮,混到鹿群中采取鹿乳。"猎人知道原来是人不是鹿,才放下弓箭没有射他,并且对他这种孝敬父母的行为赞叹不已。

【原文】

衣贵洁　不贵华　　上循分　下称家①

对饮食　勿拣择　　食适可　勿过则②

【释义】

①上循分,下称家:《礼记·少仪》:"衣服在躬而不知其名为罔。"分:名分。称:适合,相当。

②则:法则,成法。

【解说】

衣服的穿着贵在整洁干净,而不在于华贵漂亮;在见长辈时

穿的衣服要符合自己的名分，平时在家时穿的衣服要和自己的家境状况相称。对于食物不要挑挑拣拣；吃饭时要适可而止，不能超过平常的饭量。

【故事】

晏子崇俭，誉载千古

　　节俭作为一种美德，如果发生在百姓身上是值得赞赏的；如果发生在名人身上，不仅会得到人们的赞赏，而且会广为流传。比如发生在晏（yàn）子身上节俭的故事就流传至今。

　　晏子是春秋时期杰出的政治家、外交家和思想家，而且是一个非常注重节俭的人。晏子虽然官至齐相，地位很高，但他的住房却很破旧，齐景公得知这一情况后，心里十分过意不去，特意为他建造了新居，劝他搬进去住。可是晏子却说："我的先人一直在这里居住，生活得挺好，我不能因为贪图享受而将好传统丢掉啊！"最后，晏子还是坚持住在破旧的祖屋，而没有搬进豪华的新居。

　　在生活上，晏子也十分节俭。据说晏子有一件裘皮大衣，居然穿了三十年而没有换过，因此有些官员以此来嘲笑晏子，但是晏子却不以为然。像晏子这样的高官贵族能有这样的精神和作风，其美德确实值得今人好好学习。

【原文】

年方①少　勿饮酒　饮酒醉　最为丑

步从容　立端正　揖深圆　拜恭敬

【释义】

①方：正当，正好是。

【解说】

在自己正年轻的时候，千万不要喝酒，因为一旦喝醉了，就会丑态百出而丢脸；走路时要不紧不慢从容大方，站立时要端庄直立；作揖行礼时要把身子弓下去，叩头的时候要表现得恭恭敬敬。

【故事】

陈平忍辱苦读书

西汉名相陈平，少时家贫，与哥哥相依为命，为了秉承父命，光耀门庭，不事生产，闭门读书，却为大嫂所不容，为了消弭（mǐ）兄嫂的矛盾，面对羞辱，隐忍不发，随着大嫂的变本加厉，终于忍无可忍，出走离家，欲浪迹天涯，被哥哥追回后，又不计前嫌，阻兄休嫂，在当地传为美谈。终有一老者，慕名前来，免费收徒授课，学成后，辅佐刘邦，成就了一番霸业。

【原文】

勿践阈① 勿跛倚② 勿箕踞③ 勿摇髀④

缓揭帘 勿有声 宽转弯 勿触棱⑤

【释义】

①践阈（yù）：踏在门槛上。阈：门坎。

②跛（bǒ）倚：斜靠在某物上。

③箕踞（jī jù）：两腿叉开蹲着或坐着。

④髀（bì）：大腿。

⑤棱：物体的棱角。

【解说】

在家门口站立时不要把脚踩在门坎上，不要瘸腿斜靠着；坐时不要把两腿叉开，不要摇晃大腿。进门时要缓慢地揭开门帘，不能弄出声响；走路拐弯时角度要大些，以免碰到棱角。

【故事】

万斯同闭门苦读

万斯同是清朝初期的著名学者、史学家。但万斯同小的时候也是一个顽皮的孩子。万斯同由于贪玩，在宾客们面前丢了面子，从而遭到了宾客们的批评。万斯同恼怒之下，掀翻了宾客们的桌子，被父亲关到了书屋里。万斯同从生气、厌恶读书，到闭门思过，并从《茶经》中受到启发，开始用心读书。转眼一年多过去了，万斯同在书屋中读了很多书，父亲原谅了儿子，而万斯同也明白了父亲的良苦用心。万斯同经过长期的勤学苦读，终于成为一位通晓历史遍览群书的著名学者，并参与了《二十四史》之《明史》的编修工作。

【原文】

执虚器　如执盈①　　入虚室　如有人

事勿忙 忙多错 勿畏难 勿轻略②

【释义】

①执虚器,如执盈:《礼记·少仪》:"执虚如执盈,入虚如有人。"虚,空。盈,满。

②轻略:草率粗心。

【解说】

手里拿着未盛东西的器具,就像拿着装满了东西的器具一样小心;走进没人的房间,就像走进有人在的房间一样谨慎。做事不能匆匆忙忙,匆忙时最容易发生差错;做事时不要畏惧困难,也不要草率地对待看似简单的事。

【故事】

怀橘遗亲

陆绩,三国时期吴国吴县华亭(今上海市松江)人,科学家。六岁时,随父亲陆康到九江谒(yè)见袁术,袁术拿出橘子招待,陆绩往怀里藏了两个橘子。临行时,橘子滚落地上,袁术嘲笑道:"陆郎来我家作客,走的时候还要怀藏主人的橘子吗?"陆绩回答说:"母亲喜欢吃橘子,我想拿回去送给母亲尝尝。"袁术见他小小年纪就懂得孝顺母亲,十分惊奇。陆绩成年后,博学多识,通晓天文、历算,曾作《浑天图》,注《易经》,撰写《太玄经注》。

【原文】

斗闹场　绝勿近　邪僻①事　绝勿问

将入门　问孰存　将上堂　声必扬②

【释义】

①邪僻：不正当或不正派。

②将上堂，声必扬：《礼记·曲礼》："将上堂，声必扬。户外有二履，言闻则入，言不闻则不入。"扬：高，扩大。

【解说】

凡是打架闹事的场合，绝对不能走近；凡是不正经的事情，绝对不要过问。准备进入别人的家门时，首先要问一声：有人在家吗？准备上堂屋时，声音要更高一些。

【故事】

涌泉跃鲤

姜诗，东汉四川广汉人，娶庞氏为妻。夫妻孝顺，其家距长江六七里之遥，庞氏常到江边取婆婆喜喝的长江水。婆婆爱吃鱼，夫妻就常做鱼给她吃，婆婆不愿意独自吃，他们又请来邻居老婆婆一起吃。一次因风大，庞氏取水晚归，姜诗怀疑她怠慢母亲，将她逐出家门。庞氏寄居在邻居家中，昼夜辛勤纺纱织布，将积蓄所得托邻居送回

家中孝敬婆婆。其后,婆婆知道了庞氏被逐之事,令姜诗将其请回。庞氏回家这天,院中忽然喷涌出泉水,口味与长江水相同,每天还有两条鲤鱼跃出。从此,庞氏便用这些供奉婆婆,不必远走江边了。

【原文】

人问谁　对以名　　吾与我　不分明

用人物　须明求　　倘①不问　即为偷

借人物　及时还　　后有急　借不难

【释义】

①倘(tǎng):同"倘",假如。

【解说】

　　当别人问是谁时,就要将自己的姓名告诉对方,如果只回答"是我","是吾",对方就弄不清楚究竟是谁。使用别人的东西,必须明确地提出请求,以征得别人的同意;假如不问一声就拿去用,这就是偷窃。借来的物品,要爱惜使用,并准时归还,以后若有急用,再借就不难。

无障碍读国学

闻雷泣墓

战国时魏国有一个名叫王裒（póu）的人，侍奉他的母亲特别孝道。他母亲在世的时候，就很胆小，惧怕雷声，王裒经常在打雷的时候，到母亲身边给其壮胆。母亲去世后，王裒把她埋葬在山林中寂静的地方，一到刮风下雨听到震耳的雷声，王裒就奔跑到母亲的坟墓前跪拜，并且低声哭着告诉道："儿王裒在这里陪着您，母亲不要害怕。"

信

【原文】

凡出言　信为先　　诈与妄　奚①可焉

话说多　不如少　　惟其是②　勿佞巧③

【释义】

①奚（xī）：何，怎么。

②惟：只有，只要。是：恰当；无误。

③佞（nìng）巧：逢迎讨好，奸诈机巧。

【解说】

凡是说出的话，首先要讲求信用；欺骗蒙混，胡言乱语，这怎么可以呢？

弟子规

〇三一

说话多,不如少说;因为言多必失,说的话只要切题恰当就行,不要花言巧语。

【故事】

范式守信

东汉时,张劭(shào)与范式同在京城洛阳读书,两人结下了深厚的友谊。学业结束,二人分别时,张劭伤心地说:"今日一别,不知什么时候才能再相见?"

范式安慰张劭说:"不要伤心,两年后立秋的那天,我一定会去看你的。"

光阴似箭,日月如梭,约定的日期到了,张劭对母亲说:"母亲,范式快来了,我们赶紧准备准备迎接客人吧!"

张母说:"傻孩子,范式家离这里有一千多里路,人家当时只不过安慰你才那么说的,人家怎么会真的来呢?"可是刚过中午,范式就风尘仆仆地赶到了,张母为此感叹地说:"天下真有这么讲信用的朋友啊!"范式进堂屋拜望了张劭的父母之后,与张劭一家开怀畅饮,随后欣然辞别。

范式守信的故事至今都是人们所津津乐道的美谈。古人尚且能够如此,在发展市场经济的今天,我们更应该以范式为榜样,言而有信,一诺千金。

【原文】

奸巧语　秽污词　　市井气　切戒之

见未真　勿轻言　　知未的①　勿轻传

【释义】

①的:实在,的确。

【解说】

尖酸刻薄的话,和下流不干净的话,千万不能说;粗俗的市侩(kuài)习气,都要彻底戒掉。对于自己没有完全看清楚的事,不要随便乱说;对于自己没有明确的事,不要轻易散布出去。

【故事】

乳姑不怠

崔山南,唐代博陵(今属河北)人,官至山南西道节度使,人称"山南"。当年,崔山南的曾祖母长孙夫人,年事已高,牙齿脱落,祖母唐夫人十分孝顺,每天盥(guàn)洗后,都上堂用自己的乳汁喂养婆婆,如此数年,长孙夫人不再吃其他饭食,身体依然健康。长孙夫人病重时,将全家大小召集在一起,说:"我无以报答新妇之恩,但愿新妇的子孙也像她孝敬我一样孝敬她。"后来崔山南做了高官,果然像长孙夫人所嘱,孝敬祖母唐夫人。

【原文】

事非宜　勿轻诺①　　苟轻诺　进退错

凡道字②　重且舒③　　勿急疾　勿模糊

【释义】

①诺:许诺。

②道字:说话吐字。

③舒:流畅。

【解说】

对于不妥当的事情，不能随便答应别人；假如你轻易许诺，你就会进退两难，做也是错，不做也是错。凡是说话的时候，吐字要重而且流畅。说话时不能讲得太快，不能讲得含糊不清。

【故事】

卧冰求鲤

晋朝时期，有个叫王祥的人，心地善良。他幼年时失去了母亲。后来继母朱氏对他不慈爱，时常在他父亲面前说三道四，搬弄是非。他父亲对他也逐渐冷淡。王祥的继母喜欢吃鲤鱼。有一年冬天，天气很冷，冰冻三尺，王祥为了能得到鲤鱼，赤身卧在冰上。他浑身冻得通红，仍在冰上祷告求鲤鱼。正在他祷告之时，他右边的冰突然开裂。王祥喜出望外，正准备跳入河中捉鱼时，忽从冰缝中跳出两条活蹦乱跳的鲤鱼。王祥高兴极了，就把两条鲤鱼带回家供奉给继母。他的举动，在十里乡村传为佳话。人们都称赞王祥是人间少有的孝子。

【原文】

彼说长　此说短　　不关己　莫闲管①

见人善　即思齐②　　纵去远　以渐跻③

【释义】

①不关己，莫闲管：《孔子家语》："无多事，多事多患。"

②见人善，即思齐：《论语·里仁》："见贤思齐焉，见不贤而内省也。"
③跻（jī）：登，上升。

【解说】

那个说东家长，这个说西家短，如果别人说的这些事情与己无关，就不要去多管闲事。看到别人的善行，就要向他看齐；即使和他相差得很远，如果自己努力去做，也会渐渐赶上他。

【故事】

唐伯虎潜心学画

唐伯虎是明朝著名的画家和文学家，小的时候在画画方面显示了超人的才华。唐伯虎拜师，拜在大画家沈周门下，学习自然更加刻苦勤奋，掌握绘画技艺很快，深受沈周的称赞。不料，由于沈周的称赞，使一向谦虚的唐伯虎也渐渐地产生了自满的情绪，沈周看在眼中，记在心里，一次吃饭，沈周让唐伯虎去开窗户，唐伯虎发现自己手下的窗户竟是老师沈周的一幅画，唐伯虎非常惭愧，从此潜心学画。

【原文】

见人恶　即内省①　有则改　无加警②

惟德学　惟才艺　不如人　当自励③

【释义】

①省：反省，检查自己的思想和言行。

②警：戒备；警备。

③励：磨练，训练。

【解说】

看见别人做了坏事，就要自我检讨；如果发现自己有错就要加以改正，如果自己没有做错事也要自我警惕。只有品德、学问、才能、技艺不如别人的时候，才应当自我勉励，赶上别人。

【故事】

伯启自励

夏朝时候，一个背叛的诸侯有扈(hù)氏率兵入侵，夏禹派他的儿子伯启抵抗，结果伯启打败了。他的部下很不服气，要求继续进攻，但是伯启说："不必了，我的兵比他多，地也比他大，却被他打败了，这一定是我的德行不如他，带兵方法不如他的缘故。从今天起，我一定要努力改正过来才是。"从此以后，伯启每天很早便起床工作，粗茶淡饭，照顾百姓，任用有才干的人，尊敬有品德的人。

过了一年，有扈氏知道了，不但不敢再来侵犯，反而自动投降了。

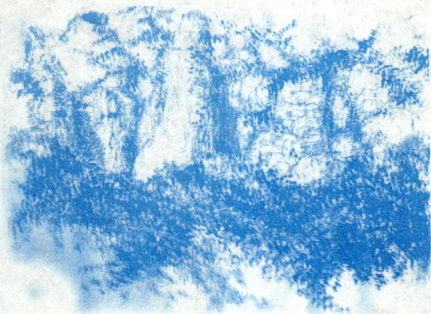

【原文】

若衣服　若饮食　　不如人　勿生戚①

闻过怒　闻誉乐　　损友来　益友却②

【释义】

①戚：忧患，悲哀。

②损友来，益友却：《论语·季氏》："益者三友，损者三友。友直，友谅，友多闻，益也。友便辟，友善柔，友便佞，损矣。"

【解说】

如果自己的穿着不如别人漂亮，如果自己的饮食不如别人的美味可口，用不着心里难过悲伤。听到别人说自己的缺点就生气，听到别人恭维自己就高兴；如果这样，不好的朋友就会来与你交往，有益的朋友就会与你断交。

【故事】

扼虎救父

晋朝时，有一位叫杨香的孝子，十四岁的时候就经常跟着父亲去田里收割庄稼。有一天，突然一只老虎把他的父亲衔去。当时杨香手无寸铁，但他深深地知道必须去救自己的父亲，于是不顾自身的危险，立即爬上虎背，紧紧

扼住老虎的脖子,老虎终于松口逃走。他的父亲也就脱离虎口,保全了性命。

【原文】

闻誉恐　闻过欣　　直谅士　渐相亲

无心非①　名为错　　有心非　名为恶

【释义】

①非:名词用作动词,指做坏事。

【解说】

听见了别人称赞自己就感到惶恐不安,听到别人指出自己的过错就欣然接受,如果这样,那些正直诚实的人,就会逐渐与你亲近起来。如果无意中做了坏事,这就叫"错";如果是故意地为非作歹,这就叫"恶"。

【故事】

哭竹生笋

在三国时,有一个孝子,姓孟,名宗,字恭武,从小就丧了父亲,家里十分贫寒,母子俩相依为命。长大后,母亲年纪老迈,体弱多病。不管母亲想吃什么,他都想方设法满足她。一天,母亲病重,想吃竹笋煮羹(gēng),但这时正是冬天,冰天雪地,风雪交加,哪来竹笋呢?他无可奈何,想不出什么好的办法,就跑到竹林抱竹痛哭。哭了半天,只觉得全身发热,风吹过来也是热的。他睁眼一看,四周的冰雪都融化了,草木也由枯转青了,再仔细瞧瞧,周围长出了许多竹笋。他的孝心感动了天地。他把竹笋给母亲吃了,母亲的病就好了。

【原文】

过能改　归于无　　倘掩饰　增一辜①

【释义】

①辜(gū):罪过,过错。

【解说】

犯了错误却能够改正错误,就等于没有做过错事一样;假如犯了错反而加以掩饰,那就是错上加错。

泛爱众

【原文】

凡是人　皆须爱　　天同覆　地同载①

行高者　名自高　　人所重　非貌高②

【释义】

①天同覆，地同载：《礼记·孔子闲居》："子曰：'天无私覆，地无私载，日月无私照，奉私三者，以劳天下，此之谓三无私。'"

②貌高：外表漂亮。

【解说】

无论什么人都必须互相关心和爱护，因为我们生活在同一片蓝天下，生活在同一个地球上。一个行为高尚的人，他的名望自然会高，人们所重视的，并不是相貌的漂亮。

【故事】

晏婴使楚

晏(yàn)婴是春秋时期齐国的相国，但长相很普通，而且身材矮小。一次，齐王派他出使楚国，楚王听说晏婴来了，想羞辱他，于是就在城墙下开了一个又低又小的门。晏婴知道这是楚国人故意羞辱他，就说："我是前来访问楚国的，这是狗洞，不是国门，如果我访问的是狗国，我就从这个门进去。"楚国人一听，马上打开城门让晏婴进去了。晏婴见到楚王，楚王故意问他："齐国没有人了吗？怎么派你来了。"晏婴回答说："我国派人出访有一个规矩，上等国家派上等的人物，我最不中用，所以就派我到楚国来了。"楚王听后，觉得晏婴很了不起，对他肃然起敬，并马上向他致歉。

【原文】

才大者　望①自大　　人所服　非言大②

己有能　勿自私　　人有能　勿轻訾③

【释义】

①望：名望，声望。

②言大：夸大其辞，吹嘘。

③訾（zǐ）：诋毁，怨恨。

【解说】

一个才学丰富的人，他的名声自然会大；人们所佩服的是有真才实学的人而不是自吹自擂的人。自己有才能，不能自私自利只为自己谋利；别人有才能，不能轻易地诋毁别人。

【故事】

望云思亲

唐朝有一位叫狄仁杰的人，从小家庭贫困，勤奋好学，后来做了丞相。他为官清廉，秉政以仁，朝野上下都很尊敬他。他的一个同僚，奉诏出使边疆之际，母亲得了重病，如果这样离去，无法在身边侍候，心中非常悲痛。狄仁杰知道他的痛苦心情之后，特此奏请皇上改派别人。有一天狄仁杰出外巡视，途经太行山。他登上山顶向下看着云，对他的随从说："我的亲人就住在白云底下。"

徘徊了很久,也没有离去,禁不住流出了思亲之泪。

【原文】

　　勿谄富　勿骄贫①　　勿厌故　勿喜新

　　人不闲　勿事搅　　　人不安② 勿话扰

【释义】

　　①勿谄(chǎn)富,勿骄贫:《礼记·坊记》:"小人贫斯约,富斯骄,约斯盗,骄斯乱。"

　　②安:情绪不安。

【解说】

　　不要去讨好巴结富有的人,也不要在穷人面前骄傲自大。不要厌弃老朋友,不要只喜爱新朋友。当别人很忙碌的时候,不要用事去打搅;当别人心情不安的时候,不要找他说话而打扰他。

【故事】

缇萦救父

　　汉文帝时,有一位叫淳于意的人,拜齐国著名医师杨庆为师,学得一手高超的医术,曾经做过齐国的仓令。他的老师去世以后,弃官行医。因为个性刚直,行医的时候,得罪了一位有权势的人,导致后来自己

无障碍读国学

遭陷害，被押往京城治罪。他的女儿名叫缇萦(tíyíng)，虽然是一位弱小女子，然而她却不辞劳苦，长途跋涉一同前往长安向皇帝诉冤。她陈述了肉刑的害处，并说明了父亲做官时清廉爱民，行医时施仁济世，现在确实是遭人诬害，愿意替父受刑。汉文帝被缇萦的孝心深深感动，赦免了她的父亲，并且下诏书废除了肉刑。

【原文】

> 人有短　切莫揭　　人有私① 切莫说
>
> 道人善　即是善② 人知之　愈思勉

【释义】

①私：隐私，秘密。

②道人善，即是善：《礼记·坊记》："善则称君，过则称己，则民作忠。……善则称亲，过则称己，则民作孝。"

【解说】

发现了别人的短处，千万不要揭发出来；发现了别人的隐私，绝对不要去说破。称道别人的善行，就算是做了一件好事；因为别人知道你在宣扬他的善行，就会更加勉励自己。

弟子规

【故事】

彩衣养亲

唐朝有个姓杨的人，家贫如洗，但十分孝道，靠讨饭养其父母。故人们叫他杨乞。他所讨食物，都带回家中奉献双亲。父母没有尝过，他虽然饥饿也不敢先尝。如有酒时，就跪下捧给父母，等父母接过杯子即起来唱歌跳舞就像小孩子一样，使父母快乐。有人怜悯他穷困，劝他给人家打工，用所得收入养亲。杨乞答道："父母年迈，若为人家打工，离家太远，就不能及时奉侍他们。"听的人感到他真是个孝子。后来父母去世了，他又乞讨棺木安葬。每逢初一、十五，就拿着食物去墓前哭祭。

【原文】

扬人恶	即是恶	疾之甚	祸且作①
善相劝	德皆建	过不规	道两亏

【释义】

①疾之甚，祸且作：《孟子·离娄下》："言人之不善，当如后患何？"疾，憎恨。

【解说】

宣扬别人的短处就是一种罪恶；宣扬别人的短处别人就会痛恨你，你就会招致祸患。看到别人的长处要给予鼓励，这对双方在品德上都有益处。看到别人的过失不加规劝，这对双方在道义上都是一种亏损。

【故事】

跪父留母

宋代，江南有一孝女名叫张菊花。七岁那年，母亲不幸病逝，父亲续娶。菊花没有因此而分辨生养之别，对待继母恭敬。她的继母却居心不良。一天，其父外出做生意，继母乘机将她卖给人家作婢(bì)女。事有凑巧，菊花的父亲在回归途中，偶遇菊花。父女相逢，悲喜交加。当父亲问她为何落此地步时，菊花含泪不语，生怕连累继母，在父亲追问下，不得已才告之。父亲听后大吃一惊，当即将菊花赎了回来。三日后父女回到家。其父见到后妻，十分恼怒，欲将其休掉。菊花见状，当即下跪为继母求情，父亲终被其孝心感动，方才罢休。继母没有生子。其父去世后，菊花对待继母和父亲在世时一样孝敬。

【原文】

凡取与①　贵分晓　　与宜多　取宜少

将加人　先问己　　己不欲　即速已②

【释义】

①与：给予。

②己不欲，即速已：《论语·颜渊》："己所不欲，勿施于人。在邦无怨，在家无怨。"欲：希望，愿意。已：结束。

【解说】

　　无论是从别人手里得到的东西，还是把东西给予别人，都要分得清清楚楚；给予别人的应该多些，获取别人的应该少些。准备要求别人去做的事，首先要问一问自己愿不愿意去做；自己做不愿意做的事，就立即停止。

【故事】

兄弟争孝

　　清朝时，长江口外的崇明岛上，有吴氏四兄弟，小时候因家境贫困，父母不得已把他们卖给富家为童仆，以求一条生路。他们长大后，个个勤奋节俭，赎出卖身契，回到家乡，合力盖起房舍并各娶妻成家。这时，他们已理解当日父母之苦心，故争相供养父母，以示不忘养育之恩。开始认定每家供养一月。后来，贤惠孝顺的妯娌(zhóu lǐ)们认为隔三个月才能轮到供养，时间太长了，故改为每家供养一日。以后又改为自老大起每人供养一餐，依次排下。每隔五天，全家四房老少合聚一起，共烹佳肴，奉养父母。席上子孙、儿媳争相端菜敬酒，百般孝顺，真是合家欢乐。二位老人安享天年，福寿近百岁无病而终。

【原文】

恩欲报　怨欲忘　　报怨短　报恩长
待婢仆　身贵端①　　虽贵端　慈而宽

【释义】

①待婢仆，身贵端：《礼记·儒行》："温良者，仁之本也。敬慎者，仁之地也。宽裕者，仁之作也。"端：直，正。

【解说】

对别人的恩惠要思报答，对别人的怨恨要忘记；对别人的怨恨越短越好，对别人报恩要越长越好。对待家里的女仆，最重要的是自身要品行端正；品行端正固然重要，但也要有仁慈宽厚的胸怀。

【故事】

鲍叔荐贤，管仲报恩

春秋时期的齐桓（huán）公能够成为五霸之首，鲍叔牙推荐的管仲功不可没。

管仲功成名就之后，也始终未忘报答老朋友鲍叔牙的知遇之恩。在他临终前，齐桓公准备让鲍叔牙接任宰相之位。可是管仲却建议齐桓公不要让鲍叔牙继任相位。齐桓公心想管仲既然要感激鲍叔牙，为什么又不让鲍叔牙继任宰相呢？

其实，管仲不让鲍叔牙继任宰相，是真心对鲍叔牙报恩。因为管仲知道，自己一死，齐桓公也就完了，如果让鲍叔牙继任宰相，一定会死于非命，而不得善终，那他就对不起这位好朋友了。

于是，管仲对齐桓公说："鲍叔牙是君子。即使给他一个大国，但是如果不按照他的方法来治理的话，他也不会接受的。鲍叔牙喜欢良善，疾恶如仇，这样就会树敌太多，容易陷入敌手。因此，鲍叔牙不适合继任相位。"

历史的演绎果然不出管仲所料。管仲死后不久，齐桓公也死了，齐桓公家里争得不可开交,连安葬齐桓公的人都没有。如果鲍叔牙继任相位,肯定难得善终。

【原文】

> 势服人　心不然　　理服人　方无言

【解说】

用势力去压服别人,别人就会口服心不服;用道理去说服别人,别人才会口服心服无话可说。

【故事】

挨杖伤老

汉朝时,大梁有个叫韩伯愈的人,本性纯正,孝敬父母,是一位著名的孝子。他的母亲对他管教很严格,稍微有点过失,就举杖挥打。有一天伯愈在挨打时,竟然伤心哭泣。他母亲觉得奇怪,问道:"往常打你时,你都能接受,今天为什么哭泣?"伯愈回答道:"往常打我我觉得疼痛,知道母亲还有力气,身体健康,但是今天感觉不到疼痛,知道母亲身体衰退,体力微弱。所以禁不住流下了泪水,并不是疼痛不甘忍受。"这说明了他非常孝敬母亲。

亲仁

【原文】

同是人　类不齐　　流俗众　仁者稀①

果仁者　人多畏②　言不讳　色不媚

【释义】

①流俗众，仁者稀：《论语·宪问》："君子不仁者有矣夫，未有小人而仁者也。"

②果仁者，人多畏：《论语·子张》："子夏曰：'君子有三变：望之俨然，即之也温，听其言也厉。'"果，真正的。

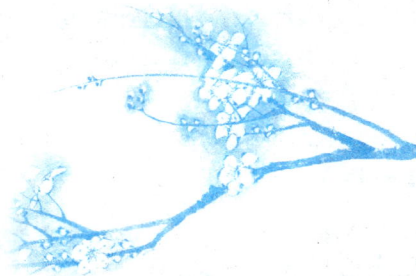

【解说】

同样是人，但类别不一样；普通的俗人最多，而品德高尚的人很少。真正的仁者，人们对他都心怀敬畏；说话时直言不讳，脸色也不谄媚。

【故事】

笼负母归

鲍出，字文芳，是后汉时新丰人，天生魁伟，生性至孝。一天他不在家，一伙强盗把他母亲劫走。鲍出闻讯后，怒发冲冠，抄起一把刀就不顾一切地追下去。沿途杀了十几个贼人，终于追上了劫掠他母亲的强盗，远远看见母亲和邻居老妪(yù)被绑在一起。他大吼一声，奋力上前。众贼见他来势凶猛，锐不可挡，吓得四散逃命。鲍出顾不上追敌，径直跑上前来，叩头请罪。跪着给母亲和邻居老人解开绑绳，将她们解救回家。后来战乱纷起，他就侍奉母亲到南阳避难。贼乱平定，其母思归故乡。可是路上跋山涉水，抬轿难行，鲍出思虑再三，就编了一个竹笼，请母亲坐在笼中，将她背回家乡。

【原文】

能亲仁　无限好　　德日进　过日少
不亲仁　无限害　　小人进　百事坏

【解说】

如果能与品行高尚的仁者亲近，会得到无限的益处；与仁者亲近，个人的品德就会一天天地进步，而过失就会一天天减少。不接近品行高尚的仁者，会有无限的害处；这样一来小人就会乘机亲近他，什么坏事都做了。

【故事】

齐桓公的教训

齐桓公是春秋时期著名的政治家，但晚年开始生活腐化，宠信坏人。他宠信易牙、竖刁和开方三人。易牙为了让齐桓公尝到人肉的味道，不惜把自己的儿子杀掉；而竖刁为了亲近齐桓公，主动阉割自己成为宦官；开方为了讨好齐桓公，15年不回家看父母。管仲对他们很反感，多次对齐桓公说："像他们这样杀死自己的儿子、自己阉割自己，背弃自己父母的人是靠不住的。"齐桓公却听不进去。

后来，齐桓公病了，他们原形毕露，对病重的桓公不理不睬，最终桓公被饿死了。

余力学文

【原文】

> 不力行① 　但学文　 长浮华　 成何人
>
> 但力行　 不学文　 任己见　 昧理真

【释义】

①不力行："好学近乎知，力行近乎仁，知耻近乎勇。"

【解说】

如果不努力实践仁义，只是学习经典文献，就会滋长浮华作风，将来会成为一个什么样的人？如果只努力实践仁义，不学习经典文献，只凭自己的见解去为人处事，就不会明白道理的真假。

【故事】

纸上谈兵

赵括是战国时期大将赵奢的儿子，从小熟读兵法，讲起战术来十分在行，赵奢却不以为然。

这一年,秦国攻打赵国,赵国派大将军廉颇前去抵挡。廉颇很有经验,他根据敌强我弱的形势,采取坚守不出,保存实力的策略,有效地阻止了秦国的进攻。

秦国见廉颇难应付,就采用了反间计,派人散布流言,挑拨赵王和廉颇的关系。赵王中计,派只会空谈兵法的赵括代替了廉颇。赵括没有分析敌情,轻率地改变了老将廉颇的战略,在秦军的引诱下出兵迎战,结果使40万大军全军覆没。

【原文】

　　读书法　有三到① 　心眼口　信皆要

　　方②读此 勿慕彼　　此未终　彼勿起

【释义】

①读书法,有三到:朱熹(xī)《训学斋规》:"余尝谓读书有三到,谓:心到,眼到,口到。"

②方:刚,才。

【解说】

读书的方法有三到,即心到、眼到、口到。心要记,眼要看,口要读,这三者确实都很重要。在读这本书的时候,不要向往那本书,这本书还未读完,不要去开始读那本书。

忠孝双全

明朝湖南道川守将沈至绪,有一个独生女儿,名叫沈云英。自小聪明好学,跟父亲学得一身好武艺。因其父战死在杀场上,当时沈云英才十七岁,她登上高处大声呼曰:"我虽然是一个小女子,为完成父亲守城的遗志,我要决一死战。希望全体军民保卫家乡。"大家深受感动,发誓要夺回失地。很快解除了包围,取得了胜利。沈云英找到父亲的尸体,大声痛哭,全体军民都穿上孝服,参加了葬礼。朝廷下令追封沉至绪为副总兵,并任命沈云英为游击将军,继续守卫道州府。后来人们为她建了一座忠孝双全的纪念祠。

【原文】

宽为限　紧用功　　工夫到　　滞塞通

心有疑　随札记①　　就②人问　求确义

【释义】

①札记:分条记录、作为参考的文字。

②就:趋向,接近。

【解说】

不妨把学习的期限放宽些,但在学习时要抓紧时间用功;学习只要功

弟子规

夫到家,不懂的地方就会自然弄通。如果心中有疑问,要随时做好笔记;虚心向别人请教,求得准确的意义。

【故事】

董遇读书

东汉时有一个叫董遇的人,从小家里就很穷,靠上山砍柴为生,整日为生活而奔波。但是他只要一有空闲时间,就坐下来读书学习,他的哥哥讥笑他,他却不在乎。天长日久,他的知识很渊博,并且写出两本书,引起了轰动,人们很佩服他。董遇的名声越来越大,附近人纷纷前来求教,并问他学习的窍门。他说:"书读百遍,其意自见。"人家说:"可是没有时间呀!"他又说:"学习要利用'三余',就是三种空余时间,冬天为一年之余、晚上为一天之余、雨天为平日之余。"人们听了才恍然大悟,原来董遇是通过利用空闲时间的学习,来提高自己水平的。

【原文】

房室清　墙壁净　　几案洁　笔砚正

墨磨偏　心不端①　　字不敬②　心先病

【释义】

①墨磨偏,心不端:《大学》:"意诚而后心正,心正而后身修,身修而后家齐,家齐而后国治,国治而后天下平。"

②敬:恭敬,整齐。

无障碍读国学

【解说】

　　书房要收拾得清爽,墙壁要保持干净。书桌要保持整洁,笔砚要放端正。如果把墨磨偏了,说明心不在焉;字写得潦草不整齐,说明思想不集中。

【故事】

匡衡凿墙

　　匡(kuāng)衡,字稚圭(guī),西汉东海(汉郡名,今江苏省邳(pī)县以东至海,连山东省滋阳县以东至海地区)人。他出身农家,祖父、父亲都是农民。唯独匡衡喜欢读书。他年轻时家里贫穷,白天给人做雇工来维持生计,晚上才有时间读书。可是家里穷得连灯烛也点不起,邻家灯烛明亮,却又照不过来。匡衡就想出个法子,在贴着邻家的墙上凿穿一个孔洞,"偷"一点光亮,让邻家的灯光照射过来。他就捧着书本,在洞前映着光来读书。

【原文】

列典籍　有定处　　读看毕　还原处

虽有急　卷①束②齐　有缺损　就补之

【释义】

　　①卷:卷帙(zhì),书本。

　　②束:捆绑。

弟子规

【解说】

存列典籍要有固定的地方，读完一本书，一定要归还到原来的地方。即使有急事不看书了，也要把书本整理好。如果书本有缺损，应当修补完整。

【故事】

韦编三绝

孔子是我国春秋时期伟大的思想家和教育家，他从小就很喜欢读书，经常手不释卷。而在孔子生活的时代，书主要是以竹子为材料制造的，把竹子破成一根根竹签，称为"竹简"，用火烘干后在上面刻字。竹简有一定的长度和宽度，一根竹简只能写一行字，多则几十个，少则八九个。一部书要用许多竹简，这些竹简必须用牢固的绳子之类的东西串连起来才能阅读。

《易经》就是这样由孔子亲手刻下来的。他很喜欢这部书，经常翻阅，由于翻阅的次数太多，牛皮绳都被磨断了，于是孔子就又用牛皮绳把竹简一片一片地穿好。像这样穿上再断，断了再穿，反复几次，人们称之为"韦编三绝"。

【原文】

非圣书①　屏②勿视　　蔽聪明　坏心志

勿自暴　勿自弃③　　圣与贤　可驯致④

【释义】

①圣书：指儒家经书。

②屏：除去，放弃。

③勿自暴，勿自弃：《孟子·离娄上》："言非礼义，谓之自暴也；吾身不能居仁由义，谓之自弃也。"

④驯：渐进，逐渐。致：达到。

【解说】

不是圣贤经书，应该放弃不看；不好的书容易蒙蔽人的思想，破坏人的心志。一个人不能自甘堕落，也不能自己瞧不起自己；圣人和贤人的境界都是可以通过自身努力逐渐达到的。

【故事】

刺股苦读

战国时期，东周洛阳有个人名叫苏秦，他年轻时曾经拜鬼谷子为师，学习本领。几年后，苏秦感觉自己学得差不多了，就拜别老师下山去了。他先后去拜谒(yè)周显王和秦惠王，但都未得重用，回家后又遭到家人的嘲讽。但苏秦并没有因此而自暴自弃，相反，他比以前更加用功读书。他不分白天黑夜，孜孜不倦地学习。但每读到深夜，感觉困乏了，他就用锥子刺自己的大腿，以使自己清醒。靠着这种坚强的毅力，苏秦博览群书，学问终于有了很大长进。

后来，燕文侯接受了苏秦的合纵主张，资助他车马金帛，使他能到齐、楚、韩、赵、魏等国去游说。六国经过他的劝说而联合起来。苏秦并相六国，成为战国时期有名的纵横家。

名贤集

　　《名贤集》是我国古代对儿童进行伦理道德教育的蒙学教材之一，具体作者不详，从内容上分析，是南宋以后儒家学者撰辑。它汇集孔、孟以来历代名人贤士的嘉言善行，以及民间流传的为人处事、待人接物、治学修德等方面的格言谚语，有些还渗透了佛、道两教的因果报应等思想，其中不乏洞察世事、启人心智之句。

名贤集全文

【四言集】

但行好事，莫问前程；　与人方便，自己方便。
善与人交，久而敬之。　人贫志短，马瘦毛长。
人心似铁，官法如炉。　谏之双美，毁之两伤。
赞叹福生，作念恶生。　积善之家，必有余庆；
积恶之家，必有余殃。　休争闲气，日有平西。
来之不善，去之亦易。　人平不语，水平不流。
得荣思辱，处安思危。　羊羔虽美，众口难调。
事要三思，免劳后悔。　太子入学，庶民同例。
官至一品，万法依条。　得之有本，失之无本，
凡事从实，积福自厚，　无功受禄，寝食不安。
言多语失，食多伤心。　酒要少吃，事要多知。
相争告人，万种无益。　礼下于人，必有所求。
敏而好学，不耻下问。　居必择邻，交必良友。
顺天者存，逆天者亡。　老实常在，脱空常败。
三人同行，必有我师。　人无远虑，必有近忧。
寸心不昧，万法皆明。　明中施舍，暗里填还。
人间私语，天闻若雷。　暗室亏心，神目如电。
肚里跷蹊，神道先知。　人离乡贱，物离乡贵。
杀人可恕，情理难容。　人欲可断，天理可循。
心要忠恕，意要诚实。　狎昵恶少，久必受累。
屈志老诚，忽可相依。　施惠勿念，受恩莫忘。
勿营华屋，勿谋良田。　祖宗虽远，祭祀宜诚。
子孙虽愚，诗书宜读。　刻薄成家，理无久享。

【五言集】

黄金浮在世，白发故人稀；　多金非为贵，安乐值钱多；
休争三寸气，白了少年头；　百年随时过，万事转头空。
耕牛无宿草，仓鼠有余粮；　万事分已定，浮生空自忙。

结有德之朋，绝无义之友。　常怀克己心，法度要谨守。
君子坦荡荡，小人常戚戚。　见事知长短，人面识高低。
心高遮甚事，地高偃水流。　水深流去慢，贵人语话迟。
道高龙虎伏，德重鬼神钦。　人高谈今古，物高价出头。
休倚时来势，提防时去年。　藤萝绕树生，树倒藤萝死。
官满如花卸，势败奴欺主。　命强人欺鬼，时衰鬼欺人。
但得一步地，何须不为人。　人无千日好，花无百日红。
人有十年壮，鬼神不敢傍。　厨中有剩饭，路上有饥人。
饶人不是痴，过后得便宜。　量小非君子，无度不丈夫。
路遥知马力，日久见人心。　长存君子道，须有称心时。
有钱便使用，死后一场空。　为仁不富矣，为富不仁矣。
君子喻于义，小人喻于利。　贫而无怨难，富而无骄易。
百年还在命，半点不由人。　在家敬父母，何必远烧香。
家和贫也好，不义富如何。　晴干开水道，须防暴雨时。
寒门生贵子，白屋出公卿。　将相本无种，男儿当自强。
欲要夫子行，无可一日清。　三千徒众立，七十二贤人。
成人不自在，自在不成人。　国正天必顺，官清民自安。
妻贤夫祸少，子孝父心宽。　白云朝朝过，青天日日闲。
自家无运至，却怨世界难。　时间风火性，烧了岁寒衣。
人生不满百，常怀千岁忧。　来说是非者，便是是非人。
积善有善报，积恶有恶报。　报应有早晚，祸福自不错。
花无重开日，人无长少年。　人无害虎心，虎有伤人意。
上山擒虎易，开口告人难。　忠臣不怕死，怕死不忠臣。
从前多少事，过去一场空。　满怀心腹事，尽在不言中。
既在矮檐下，怎敢不低头。　家贫知孝子，国乱识忠臣。
但是登途者，都是福薄人。　命贫君子拙，时来小儿强。
命好心也好，富贵直到老。　命好心不好，中途夭折了。
心命都不好，穷苦直到老。　年老心未老，人穷志不穷。
自古皆有死，民无信不立。

【六言集】
　　　　长将好事于人，祸不侵于自己。

既读孔孟之书，必达周公之礼。
君子敬而无失，与人恭而有礼。
事君数斯辱矣，朋友数斯疏矣。
人无酬天之力，天有养人之心。
一马不备双鞍，忠臣不事二主。
长想有力之奴，不念无为之子。
人有旦夕祸福，天有昼夜阴晴。
君子当权积福，小人仗势欺人。
人将礼乐为先，树将枝叶为圆。
马有垂缰之义，狗有湿草之恩。
运去黄金失色，时来铁也争光。
怕人知道休做，要人敬重勤学。
泰山不却微尘，积少垒成高大。
人道谁无烦恼，风来浪也白头。

【七言集】

贫居闹市无人问，富在深山有远亲。
人情好似初相见，到老终无怨恨心。
白马红缨彩色新，不是亲者强来亲。
一朝马死黄金尽，亲者如同陌路人。
青草发时便盖地，运通何须觅故人。
但能依理求生计，何必欺心作恶人。
莫作亏心侥幸事，自然灾害不来侵。
人着人死天不肯，天着人死有何难。
我见几家贫了富，几家富了又还贫。
三寸气在千般用，一旦无常万事休。
人见利而不见害，鱼见食而不见钩。
是非只为多开口，烦恼皆因强出头。
平生正直无私曲，问甚天公饶不饶。
猛虎不在当道卧，困龙也有升天时。
临崖勒马收缰晚，船到江心补漏迟。
家业有时为来往，还钱常记借钱时。

金风未动蝉先觉，暗算无常死不知。
善恶到头终有报，只争来早与来迟。
蒿里隐着灵芝草，淤泥陷着紫金盆。
劝君莫作亏心事，古往今来放过谁。
山寺日高僧未起，算来名利不如闲。
欺心莫赌洪天誓，人与世情朝朝随。
人生稀有七十余，多少风光不同居。
长江一去无回浪，人老何曾再少年。
大道劝人三件事，戒酒除花莫赌钱。
言多语失皆因酒，义断亲疏只为钱。
有事但近君子说，是非休听小人言。
妻贤何愁家不富，子孝何须父向前。
心好家门生贵子，命好何须靠祖田。
侵人田土骗人钱，荣华富贵不多年。
莫道眼前无可报，分明折在子孙还。
酒逢知己千杯少，话不投机半句多。
衣服破时宾客少，识人多处是非多。
草怕严霜霜怕日，恶人自有恶人磨。
月过十五光明少，人到中年万事和。
良言一句三冬暖，恶语伤人六月寒。
雨里深山雪里烟，看时容易做时难。
无名草木年年发，不信男儿一世穷。
若不与人行方便，念尽弥陀总是空。
少年休笑白头翁，花开能有几时红。
越奸越狡越贫穷，奸狡原来天不容。
富贵若从奸狡得，世间呆汉吸西风。
忠臣不事二君主，烈女不嫁二夫郎。
小人狡猾心肠歹，君子公平托上苍。
一字千金价不多，会文会算有谁过。
身小会文国家用，大汉空长作什么。
乖汉瞒痴汉，痴汉总不和。
乖汉做驴子，却被痴汉骑。

四言集

【原文】

但①行好事，莫问②前程；

与人方便，自己方便。

【注释】

①但：只，只要。②问：思虑。

【译文】

专心去做好事，不要把注意力过早地放在结果上。帮助别人，也就是帮助自己。

【原文】

善①与人交②，久③而敬之。

【注释】

①善：善良，友好。

②交：交往。

③久：持久不懈。

　　以善良友好的心愿和态度与人交往，并能持久不懈地保持敬重态度。能尊敬别人，才能得到别人的尊敬。

【原文】

人贫志短①，马瘦毛长。

【注释】

　　①人贫志短：原作"人穷智短"。穷：指困境。

【译文】

　　人穷困的时候显得志气小，马瘦的时候显得毛长。

【原文】

人心似铁,官法如炉①。

【注释】

①官法如炉:把人心比作铁,把官家法制比作炉。炉能熔铁。

【译文】

即使人心如铁石,也会在如炉的官法之中熔化。

【原文】

谏①之双美,毁②之两伤。

【注释】

①谏:当面直言劝戒、纠正别人的失误。

②毁:背后诽谤,说人坏话。

【译文】

要当面以直率语言指出对方的缺点,对双方都好;不要背后说别人的坏话,背后说别人的坏话不仅伤害别人,对自己也没有好处。

赞叹①福生,作念②恶生。

【注释】

①赞叹:极力称赞。

②作念:兴起某种意念,这里偏指贬毁之恶念。

【译文】

要学会对人讲称赞的话语,讲对人颂扬的话,会得到好处;如果对人有坏的念头,就会产生祸殃。

积善之家,必有余庆;

积恶之家,必有余殃①。

【注释】

①殃（yāng）：灾祸。

【译文】

一直行善的人家必然会有想不到的幸福。一直作恶的人家也必然会有想不到的灾祸。

【原文】

休争闲气①,日有平西。

【注释】

①闲气：指为了无关紧要的事情而生的气。

【译文】

不要因为一些无关紧要的事情起争执,太阳也有下山的时候。

来之不善①，去之亦易。

【注释】

①不善：不是正路得来。

【译文】

一些东西来的不是正路，去得也很容易。

【原文】

人平①不语，水平②不流。

【注释】

①平：人事处境的公道。

②平：自然地势的高低。

【译文】

心情平静的人不会多说话，就像平静的水也不流动。

【原文】

得荣思辱,处安思危①。

【注释】

①处安思危:原作"居安思危",原出《左传·襄公十一年》。

【译文】

在得到荣耀的时候要想到有一天可能会受侮辱,处在平安环境下,要想到可能出现的危险困难,即凡事要有预见,并从反面作些打算。

【原文】

羊羔①虽美,众口难调。

【注释】

①羊羔:指小羊,其肉嫩美;在此泛指美味食物。

【译文】

羊羔的肉虽然鲜美可口,却不一定让每个人都满意喜欢。

【原文】

事要三思①，

免劳后悔。

【注释】

①三思：三为多数的泛称，即反复考虑。语出《论语·公冶长》"三思而后行"。

【译文】

做什么事情都要考虑周全，免得因费了力气又没有做好而后悔。

【原文】

太子①入学，庶民②同例。

【注释】

①太子：封建时代被确定将要继承帝位的帝王儿子。
②庶民：百姓，民众。

【译文】

太子去学校读书，也要和普通百姓一样遵守学校里的规矩。

【原文】

官至一品①,万法依条。

【注释】

①品:中国封建社会中官僚等级。自魏文帝后把官司的品级分为九等,称九品,一品最高。

【译文】

即使做官做到一品,也要依照法律办事。

【原文】

得之有本①,失之无本,

凡事从实②,积福自厚,

无功受禄③,寝食不安。

【注释】

①本:根本。　②实:实际,适当。　③禄:古代官吏的薪俸。

【译文】

懂得圣贤之道就等于掌握了事情的根本,丢掉圣贤之道就等于失去了事情的根本;做什么事情都不弄虚作假,才会有好的回报。如果是没有功劳却接受封赏,无论吃饭和睡觉都不会安心。财高气壮,势大欺人。

【原文】

言多语失①,食多伤心②。

【注释】

①语失:说话发生差错。
②伤心:在此泛指伤害脾胃等内脏。

【译文】

人有了钱和地位说话才显得有底气,力气大了才欺负人。说话太多,必然会犯错误,吃的东西太多,身体也必然会受到伤害。

【原文】

酒要少吃,事要多知①。

【注释】

①知:了解、知道。

【译文】

酒不可多饮,饮多伤身;事情懂得越多越好。

【原文】

相争告①人，万种无益。

【注释】

①告：告状。

【译文】

把别人的事情到处说，对自己是没有任何益处的。

【原文】

礼①下②于人，必有所求。

【注释】

①礼：指礼物，或礼貌。
②下：降低。

【译文】

屈尊降贵给别人送礼，就必然是有求于人。

【原文】

敏而好学，不耻下问①。

【注释】

①不耻下问：语出《论语·公冶长》。

【译文】

聪明灵活又爱好学识，并且不以虚心地向比自己学问低的人请教为羞耻之事。

【原文】

居必择邻①，交必良友。

【注释】

①择邻：孟母三迁择邻而居。

【译文】

选择住址一定要选择好的邻居，交朋友也一定要交品行高尚的好朋友。

【原文】

顺天者存，逆天①者亡。

【注释】

①天：在这里主要有两种含意。一指"天道"，即自然界客观规律，如日月星辰等天体运行变化及春夏秋冬季节更替等。

【译文】

　　顺应自然的人才能生存,反其道而行之的人必然没有好下场。

【原文】

老实常在,脱空①常败。

【注释】

　　①脱空:不实。语出《朱子全书·大学》"如人说十句话,九句实,一句脱空。"

【译文】

　　人太贪心,不能抗拒财物的诱惑,结果都会很惨;鸟儿太贪心,也会因为不能抗拒食物的诱惑而死亡。在别人那里得到一头牛,至少要还给别人一匹马。做事老实才能做好,浮夸只能一事无成。

【原文】

三人①同行,必有我师②。

【注释】

　　①三人:指几个人,数人。

②师：老师，也指有长处可学的人。

【译文】

　　三个人在一起，其中必然有一个可以做我的老师。

【原文】

　　人无远虑①，必有近忧。

【注释】

　　①人无远虑：语出《论语·卫灵公》。

【译文】

　　一个人若没有长远的考虑，就会有不久即临的忧患。

【原文】

　　寸心不昧①，万法②皆明。

　　明中施舍，暗里填还。

　　人间私语，天闻若雷。

　　暗室亏心，神目如电。

　　肚里跷蹊③，神道先知。

【注释】

　　①昧：隐藏，违背。

　　②法：这里指为人行事的方式方法。

　　③跷蹊：亦作蹊跷，奇怪可疑。

【译文】

　　做人如果能一点儿不昧良心，所有的事情就都能做到。做善事的人表面上是施舍，其实是在偿还。人世间的所有窃窃私语，公道都听得见。人如果做亏心事，哪怕是在黑暗的屋子里，神明也能看见。人的肚子里有鬼，神明会首先知道。

【原文】

人离乡贱①,物离乡贵②。

【注释】

　　①贱：贫困低微。

　　②贵：贵重。

人离开家乡就很容易显得卑微，而货物则相反，离开产地反而显得贵重。

【原文】

杀人可恕①，情理难容。

【注释】

①恕：宽恕、原谅。

【译文】

一个人如果犯了杀人这样的罪行，无论于情于理都不能饶恕。

【原文】

人欲①可断②，天理③可循。

【注释】

①人欲：指个人的种种欲求。

②断：隔绝，舍弃。

③天理：南宋理学家以"仁义礼智"为天理。

【译文】

　　人的欲望是可以控制消除的,公道也是存在的。

【原文】

心要忠恕,意要诚实。

狎昵①恶少,久必受累。

屈志老诚②,忽可相依。

【注释】

　　①狎昵（xiá nì）：过于亲热而态度不庄重。
　　②诚：为人老实、稳重、成熟。

【译文】

　　人要有高尚的品德和诚实的态度。去向恶人谄媚，时间长了必然受他拖累，自己的品行也会败坏。

【原文】

施①惠②勿念，受恩莫忘。

【注释】

　　①施：给予。

　　②惠：恩惠。

【译文】

　　帮助别人的事情不要一直记在心里，受过别人的帮助一定不要忘记。

【原文】

勿营①华屋,勿谋②良田。

祖宗虽远,祭祀宜诚。

子孙虽愚,诗书宜读。

刻薄③成家,理无久享。

【注释】

①营：经营，建造。

②谋：谋取。

③刻薄：过分小气，吝啬。

【译文】

不要营造华丽的房屋,不要贪图购买良好的田园。祖先虽然早已经不在人世,但是祭祀的时候仍然要诚心诚意。自己的孩子哪怕很愚钝,也要让他们读书,增长学问,学习做人。对人刻薄而起家的,绝没有长久享受的道理。

五言集

【原文】

黄金浮在世，白发故人稀；

多金非为贵，安乐值钱多；

休争三寸气，白了少年头；

百年随时过，万事转头空。

【译文】

　　人老的时候，虽然还可以有很多钱财，但是从前的朋友却越来越少了。家财万贯不一定就是好事，只有平安快乐才是最难得的。不要去为很小的事情生气，人太斤斤计较很容易变老。人生百年很容易就过去，世间的事情也很容易就过去。

【原文】

耕牛无宿草①,仓鼠有余粮;

万事分已定,浮生空自忙。

【注释】

①宿草:隔夜饲草。

【译文】

在田间辛勤劳作的耕牛晚上没有草吃,仓库里的老鼠却时时有粮食。世间的事情都是注定的,哪怕整天努力也不过是白白忙碌。

【原文】

结有德之朋,绝无义之友。

常怀克己①心,法度要谨守。

【注释】

①克己：约束自己的言行。

【译文】

交朋友要找那些品德高尚的人,不要和不重情义的人交往。人要常常有克制自己的念头,遵守法律和制度。

【原文】

君子坦荡荡①,小人常戚戚②。

见事知长短,人面识高低。

【注释】

①荡荡：宽广、浩大、舒展。②戚戚：忧愁,局促。

【译文】

君子胸怀宽广,小人则经常忧愁。遇见事情要能分清楚轻重主次,遇见人要能分辨是好是坏。

无障碍读国学

【原文】

心高遮①甚事②，地高偃③水流。

水深流去慢，贵人语话迟。

道高龙虎伏，德重鬼神钦。

人高谈今古，物高价出头。

【注释】

①遮：遏制。

②甚事：指特别不好的事情。

③偃：阻塞。

【译文】

心高气傲并不能解决什么事，就像地势高的地方水反而流不到。水如果很深，流走的就会很慢；对你有帮助的人说话也会很晚。人如果具有高深的学问，即使是龙虎也要拜服；人如果有高尚的品德，即使是鬼神也要钦佩。人有没有高深的学问，从他的谈古论今中就能看出来；货物是不是很贵重，从它的价格上也可以体现出来。

【原文】

休倚时来势，提防时去年。

藤萝①绕树生,树倒藤萝死。

官满如花卸,势败奴欺主。

命强人欺鬼,时衰鬼欺人。

但得一步地,何须不为人。

人无千日好,花无百日红。

人有十年壮,鬼神不敢傍②。

【注释】

①藤萝:一种爬蔓的木本植物,多绕树而生。

②傍:靠近。

【译文】

人不要总想着依靠运气,时来运转的时候也要提防失去运气的时候。

藤萝生的时候缠绕着大树,树倒的时候,藤萝也会死去。

做官结束的时候就像花儿凋谢,人一旦没有了势力,过去的奴才都会欺负他。

有气运的时候不可以战胜鬼,不幸的时候鬼欺负人。

只要能有一个立足之地,又有什么理由不好好做人?

人不可能天天都好,花也不能天天开放。

人正当壮年,志气高远的时候,连鬼神都不敢靠近他。

无障碍读国学

【原文】

厨中有剩饭，路上有饥人。

饶人不是痴①，过后得便宜。

量小非君子，无度②不丈夫。

路遥知马力，日久见人心。

长存君子道，须有称心时。

【注释】

①痴：愚，傻。
②度：胸怀容量。

【译文】

　　有些人家的厨房里有剩余的饭菜，也有些人在路上忍受饥饿。宽恕别人的过失不是愚蠢，总有一天会得到好处。气量狭窄的人不是君子，品行高尚的人才是大丈夫。经过长远的路途才知道马的脚力，经过长时间的相处才能看出一个人的品行。人如果一直都做君子，就一定会有称心如意的时候。

【原文】

有钱便使用，死后一场空。

为仁不富矣①,为富不仁矣。

君子喻于义,小人喻于利。

贫而无怨难,富而无骄易。

【注释】

①为仁不富矣,为富不仁矣:语出《孟子·滕文公上》中引用鲁国人阳虎的话。

【译文】

有了钱,就要为大众办事,扶危济困、造福桑梓,而不是只想着他自己一家的富贵温饱、功名利禄。这些好人好事,生前不做,死后就没有机会了。心地善良仁义的人通常都不富有,富有的人又通常不善良仁义!君子明白大义,小人只知道小利。贫穷却不怨天尤人困难,富有却不骄不躁容易。

【原文】

百年还在命,半点不由人。

在家敬父母,何必远烧香。

家和贫也好,不义富如何。

晴干开水道,须防暴雨时。

【译文】

　　世间的一切事情都是命中注定,一点儿都由不得人。

　　如果在家里的时候十分孝敬父母,又怎么需要在远方的时候烧香拜佛?

　　如果家庭和美,就是贫穷也会幸福;如果不讲道义,就是很富有又能怎么样呢?

　　晴天的时候利用水道,一定要提防暴雨来临。

【原文】

寒门生贵子,白屋①出公卿②。

将相本无种③,男儿当自强。

【注释】

　　①寒门、白屋:指贫穷百姓人家。

　　②公卿:古代高官。

　　③将相本无种:语出《史记·陈涉世家》中陈胜语,"将相宁有种乎"。

【译文】

　　贫寒的家庭会有富贵的子孙,贫寒的家门会培养出做官的人。

　　无论大将还是丞相都不是天生的,做男人要奋发图强。

【原文】

欲要夫子①行②，无可一日清③。

三千徒众立，七十二贤人④。

成人不自在，自在不成人。

【注释】

①夫子：对老师、先生的尊称，也习用于对中国古代教育家孔子的尊称。

②行：这里指品行修养和事业成就。

③清：清静，闲适。

④三千徒众立，七十二贤人：指孔子一生从事教育，学生很多，号称弟子三千，贤人七十二。

【译文】

要想成为孔子那样的人，就不能放松一天。孔子弟子满天下，光贤人就有七十二人。要想成为有用之材，放任自流，不下苦功是不行的，只图安适自在，就不可能成材。

【原文】

国正天必顺①，官清民自安。

妻贤夫祸少，子孝父心宽。

白云朝朝过，青天日日闲。

自家无运至，却怨世界难。

【注释】

①国正：指国家的大政方针正确。天必顺：指自然灾害少。国正未必自然灾害就少，但国正则抵御自然灾害的力量却会大大增强。

【译文】

有作为的人都不是自由自在的，自由自在的人也不会有什么作为。国家是正义的，那么天也会高兴；做官的如果清正廉明，百姓自然会安居乐业。做妻子的贤惠，丈夫就很少有灾祸；做儿子的孝顺，父母的心情也会顺畅。自己的家里没有好运，却埋怨生活太艰难。

【原文】

时间风火性,烧了岁寒衣。

人生不满百,常怀千岁忧①。

【注释】

①人生不满百,常怀千岁忧:原出《古诗十九首》,原文"人生"作"生年"。与之相连二句是"昼短苦夜长,何不秉烛游",由慨叹时艰转而主张及时行乐。

【译文】

时间过得真快,又到了一年年末。人的一生很难满一百岁,却常常有千年的忧虑。

【原文】

来说是非者,便是是非人。

积善有善报，积恶有恶报。

报应有早晚，祸福自不错。

花无重开日，人无长少年。

人无害虎心，虎有伤人意。

上山擒虎易，开口告人①难。

【注释】

①告人：指求助于人。

【译文】

　　谈论别人是非的人，本身就不是一个好人，自己的是非也多。常做善事，自然有好的报应；常做坏事，自然会有坏的报应。报应的到来有早有晚，但是祸还是福却不会错。花谢了还有再开的日子，人的少年时光却不会再来一次。人即使没有害虎的想法，虎却有伤人的心思。上山去捉老虎容易，开口去求人办事却困难。

名贤集

〇九三

【原文】

忠臣不怕死，怕死不忠臣。

从前多少事，过去一场空。

满怀心腹事，尽在不言中①。

【注释】

①满怀心腹事，尽在不言中：满怀心事，难以尽诉，或心照不宣，不言自明。

【译文】

忠臣一心为国，置个人生死于度外。计较个人得失，趋利保命保官的人当不了忠臣。无论过去做过多少事情，现在不努力就变成无用的了。一肚子的心事，不知从何说起，只好不说。

【原文】

既在矮檐下①，怎敢不低头。

【注释】

①矮檐下：指寄人篱下或屈于权势。

【译文】

已经在矮矮的屋檐底下，怎么敢不低头？

【原文】

家贫知孝子，国乱识忠臣。

但是登途者①，都是福薄人。

【注释】

①登途者：奔波于旅途之人。

【译文】

家中贫困才能体现出孝子，国家混乱才能体现出谁是忠贞的臣子，但是奔波于旅途之人，都不是有福之人。

【原文】

命贫君子拙，时来小儿强。

命好心也好，富贵直到老。

命好心不好，中途夭折了。

心命都不好，穷苦直到老。

年老心未老，人穷志不穷。

自古皆有死，民无信不立。

【译文】

　　没有运气的时候，君子也会艰难；运气好的时候，小人也会顺利。运气好的人如果心肠也好，就会富贵一生。运气好心肠却不好的人，活到中途就死了。运气和心肠都不好的人，会一生贫困。年岁老心却不能老，人虽然穷却不能没有志气。从古到今，谁都会死，但是人如果没有信义，就不能真正立足。

六言集

长将好事于人，祸不侵于自己。

既读孔孟①之书，必达周公②之礼。

君子敬而无失，与人恭而有礼。

【注释】

①孔孟：指孔丘、孟轲，皆为中国古代教育家、思想家，后人辑录有《论语》、《孟子》。

②周公：姓姬，名旦，周朝初期政治家，为周朝建立了一套典章制度，称为"周礼"，成为封建礼教的基础。

【译文】

　　人如果经常做善事帮助别人，自己就不会有灾祸。读了孔子和孟子的书，就必须明白周公提倡的"礼仪"。像君子一样恭敬客气地对待别人总不会有错，所以待人一定要恭敬有礼貌。

【原文】

事君数斯①辱矣，朋友数斯疏②矣。

【注释】

　　①事：侍奉、伺候。君：国君。数：多次。斯：于是，就。

　　②疏：相远。

【译文】

　　服侍的君主多了就是耻辱，交往的朋友多了就是朋友关系疏远了。

人无酬①天②之力，天有养人之心。

【注释】

①酬：酬谢，报答。

②天：一指天意，命运之主宰；一指自然界万物之功用。

【译文】

天养育了每一个人，人却没有回报上天的能力。

【原文】

一马不备双鞍，忠臣不事二主。

长想有力之奴①，不念无为之子。

【注释】

①奴：供主人驱使的仆人。

名贤集

【译文】

　　一匹好马不会配第二个马鞍,一个忠贞的臣子不会辅佐两个不同的君主。宁可常常想到很有能力的奴仆,也不要常常顾念什么也不会做的儿子。

【原文】

　　人有旦夕祸福,天有昼夜阴晴。

　　君子当权积福,小人仗势欺人。

　　人将礼乐①为先,树将枝叶为圆。

【注释】

　　①乐:音乐。古时除重视礼教外,也十分重视诗教和音乐教育,把它作为陶冶情操的重要手段。

【译文】

　　人会有忽然降临的灾祸或者福分,天会有白昼和黑夜,阴天和晴天的不断变换。君子如果掌握了权力,会做善事以积攒福报;小人如果得到权势,就会依仗它欺负别人。做人要把礼仪放在首位,就像树是因为有了枝叶才显得完整。

【原文】

　　马有垂缰之义,狗有湿草之恩。

【注释】

　　典出《述异记》。主人受伤，坐骑垂缰俯身救助，主人陷于烟火昏迷之中，义犬含水濡湿周围干草，使主人得以脱险。用以比喻和赞美尽忠报主的行为。

【译文】

　　马知报答主人的恩惠，狗懂还报主人之恩，何况人呢？

【原文】

　　　　运①去黄金失色，时②来铁也争光。

【注释】

　　①运：好运气。②时：机遇。

【译文】

　　没有好运气的时候黄金也会失去本来的颜色，好运气来的时候铁也会焕发光彩。

【原文】

　　　　怕人知道休做，要人敬重勤学。
　　　　泰山不却①微尘，积少垒成高大。

名贤集

【注释】

①却：推拒。

【译文】

害怕别人知道就不要去做，想要别人敬重就要勤奋地学习。泰山不拒绝微小的尘土，正因为积攒小土丘才能有那样的高大。

【原文】

人道①谁无烦恼，风来浪也白头。

【注释】

①人道：在这里指的是人生历程。

【译文】

人活着谁能没有烦恼？风来的时候浪花也会白头。

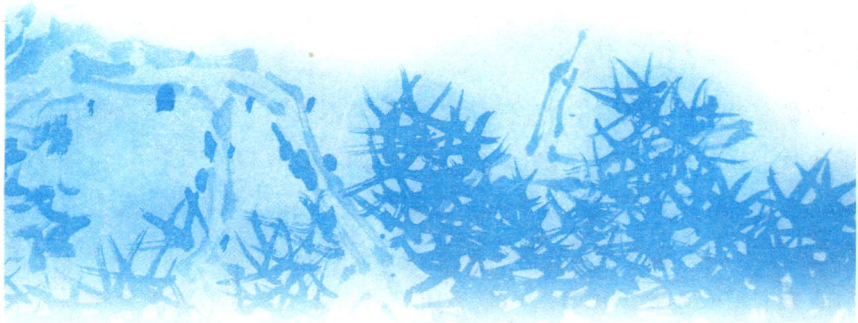

七言集

【原文】

贫居闹市无人问，富在深山有远亲。

人情好似初相见，到老终无怨恨心。

白马红缨彩色新，不是亲者强来亲。

一朝马死黄金尽，亲者如同陌路人。

青草发时便盖地，运通何须觅故人。

但能依理求生计，何必欺心作恶人。

莫作亏心侥幸①事，自然灾害不来侵。

【注释】

①侥幸：偶然得到成功，或意外地免于不幸。

【译文】

　　贫穷的人即使居住在喧闹的城市也没有人过问，富有的人即使居住在深远的山林也会有亲戚常来探访。和初次相见的人打交道要慎重，这样到老也不会对谁有怨恨之心。如果家庭富贵，有名贵的白马和颜色美丽的红缨，就算不是亲戚的人也会强来攀亲。到家里财物都没有了的时候，以前的亲戚和朋友都会像过路人一样不闻不问。青草生长的时候会很容易覆盖地面，气运来的时候又怎么需要去寻找朋友的帮忙？只要能老老实实谋求生计，又怎么需要昧着良心去做坏人？人不要存着侥幸之心做亏心事，这样自然灾祸才不会来侵害。

【原文】

　　人着人死天不肯，天着人死有何难。

　　我见几家贫了富，几家富了又还贫。

　　三寸气在千般用，一旦无常万事休。

【译文】

　　人自己想死天不一定答应，上天如果要一个人死有什么难？我看见很多人家开始贫穷后来富有，还有很多人家富有了之后又变得贫穷。人的气息虽小，却有很多的用处。有一天遭遇无常的时候就什么事都得停下了。

【原文】

人见利而不见害，鱼见食而不见钩。

是非只为多开口，烦恼皆①因强②出头。

【注释】

①皆：都。

②强：争强。

【译文】

人通常都只能见到事情的益处而看不到害处，鱼也常常只能见到鱼饵却忽略了鱼钩。惹上麻烦只因为说话太多，有了烦恼只因为莽撞的出头。

【原文】

平生正直无私曲①，问甚②天公饶不饶。

【注释】

①曲：歪邪。

②甚：什么。

【译文】

如果人一生正直没有什么私心，又怎么需要天公饶恕还是不饶恕？

【原文】

猛虎①不在当道卧，困龙②也有升天时。

【注释】

①猛虎：喻凶暴者、得势者。

②困龙：喻落难失势者。

【译文】

凶猛的老虎不会出现在大路上，即使是处境困窘的龙也有上天的时候。

【原文】

临崖勒马收缰晚，船到江心补漏迟。

家业有时为来往，还钱常记借钱时。

金风①未动蝉先觉②，暗算无常③死不知。

【注释】

　　①金风：秋风。

　　②蝉先觉：蝉能预知秋风起，冬将至。

　　③无常：无法预知。

【译文】

　　走到悬崖边上才知道勒紧马的缰绳已经太晚了，船已经走到江中间才想起补上面的漏洞也已经太迟了。有家有事业的时候要注意和别人的来往，还钱的时候要记得别人借给你的时候。夏天风还没有动的时候蝉就先知道了，人也要像蝉一样时时警惕，小人的暗算不知道什么时候会来到，否则就是到死也不会知道为什么。

【原文】

　　善恶到头终有报，只争来早与来迟。

　　蒿①里隐着灵芝草，淤泥陷着紫金盆。

　　劝君莫作亏心事，古往今来放过谁。

【注释】

　　①蒿：蒿草。

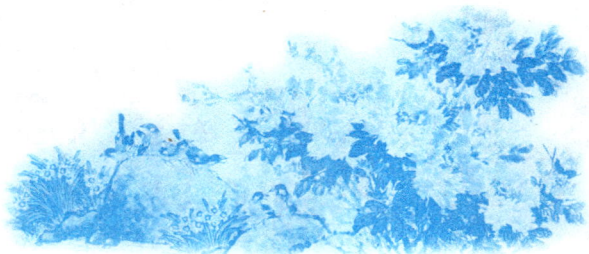

　　人无论是善是恶最后一定会有报应，只是来得早或迟的问题而已。杂乱的蒿蓬里面隐藏着灵芝草，脏脏的淤泥里隐藏着紫金盆。劝你不要做昧心的事，从古到今都没有什么好下场。

【原文】

山寺日高僧未起，算来名利不如闲。

欺心莫赌洪天誓①，人与世情朝朝随。

【注释】

　　①洪天誓：对天发出重大誓言。

【译文】

　　山上的寺庙里，太阳已经升起很高了，和尚还没有起床，算起来为了名利奔波不如清闲一生。昧了良心就不要用宏大的誓愿来赌博，世情和公道一直伴随着人。

【原文】

人生稀有七十余，多少风光不同居。

长江一去无回浪，人老何曾再少年。

大道劝人三件事，戒酒除花①莫赌钱。

言多语失皆因酒，义断亲疏只为钱。

【注释】

①除花：指改掉贪色、嫖娼等劣行。

【译文】

　　人活到七十岁，从古到今稀少，美丽的景色再多也不会和人一直在一起。长江的水一旦流去就没有了回头浪，人老了再也不会重新做少年。正确的道理劝人们三件事，不要喝酒、沉迷女色和赌钱。说话太多犯了过失都是因为喝酒，与朋友断绝来往和与亲戚疏远也都是因为钱。

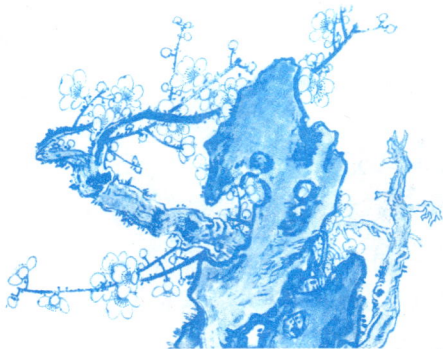

【原文】

有事但近君子说，是非休听小人言。

妻贤何愁家不富，子孝何须父向前。

心好家门生贵子，命好何须靠祖田。

侵人田土骗人钱，荣华富贵不多年。

莫道眼前无可报，分明折在子孙还。

酒逢知己千杯少，话不投机半句多。

名贤集

一〇九

衣服破时宾客少，识人多处是非多。

草怕严霜霜怕日，恶人自有恶人磨。

月过十五光明少，人到中年万事和。

良言一句三冬暖，恶语伤人六月寒。

雨里深山雪里烟①，看时容易做时难。

【注释】

①雪里烟：雨蒙深山，若隐若现；白雪衬青烟，似有若无。

【译文】

　　无论什么事情，都要听君子的看法，不要去听小人的话。妻子贤慧怎么还用愁家境不会富贵，儿子孝顺怎么还需要父亲努力赚钱？心地善良的人家里会生出有作为的儿子，运气好怎么需要依靠祖上留下来的田地？侵占别人的田地和骗别人钱财的人，虽然能有荣华富贵但也不会长久。别说眼前你得不到报应，你的报应都会降到你的子孙身上。遇到了知己，即使喝酒喝一千杯都觉得少；两个人话不投机，说半句也嫌多。家境贫寒衣服破的时候客人很少，认识的人多了，是非也就多了。草害怕冷酷的寒霜，寒霜又害怕太阳，坏人也自然有其他坏人制约。每个月过了十五以后，月亮的光辉就越来越少；人到了中年以后，就什么事情都要讲求和气了。给

别人一句好话,即使在最寒冷的冬天,他也会觉得温暖;说一句坏话伤人,即使在炎热的六月,他也会觉得寒冷。很多事情都像是雨里的深山和雪里的烟,看起来容易,做起来却很困难。

【原文】

无名草木年年发,不信男儿一世穷。

若不与人行方便,念尽弥陀①总是空。

【注释】

①弥陀:佛号,阿弥陀佛的简称。佛家认为,常念"阿弥陀佛"这句佛号可以消灾免祸。

【译文】

　　没有名字的草和树木年年都会发芽，有志气的男人也一定不会一辈子都穷苦。如果不想着帮助别人方便别人，就算把佛经都念遍，也是什么用处都没有。

【原文】

少年休笑白头翁，花开能有几时红。

越奸越狡越贫穷，奸狡原来天不容。

富贵若从奸狡得，世间呆汉吸西风。

忠臣不事二君主，烈女不嫁二夫郎。

小人狡猾心肠歹①，君子公平托上苍②。

【注释】

　　①歹：坏、恶毒。

　　②托：托付、依靠。上苍：上天。

【译文】

　　年轻人不要嘲笑年老的人，鲜花开放得虽然美丽，却能持续多长时间？做人越奸诈狡猾就越贫穷，因为天理不容奸诈狡猾。如果富贵都是从奸诈狡猾上

得来的，那么世界上的老实人都要喝西北风了。小人狡猾又心肠歹毒，君子为人公平，才能托起苍天。

【原文】

一字千金①价不多，会文会算有谁过②。

身小会文国家用，大汉空长作什么。

【注释】

①一字千金：联系上下文看，这既是实指书法家墨迹的珍贵，也隐喻知识的宝贵。

②过：过错，可引申为指责。有谁过，即没有谁把有才识有一技之长当做过错而指责的。

【译文】

一个字值一千金也不算多，既会作文又会算术的人有几个？人虽然小，但是如果有学问，那么国家就会任用他；大汉只是长得魁梧又有什么用？

【原文】

乖汉瞒痴汉，痴汉总不和。

【译文】

投机取巧的人欺负老实人，老实人总不知道。

【原文】

乖汉做驴子，却被痴汉骑。

【译文】

投机取巧的人也会有愚蠢的时候，让老实人无意中得到好处。

关于弟子规名贤集的一些小故事

王烈感化偷牛人

三国时有一个叫王烈的读书人，在当地很有威望。有一个人偷了别人一头牛，被失主捉住了。偷牛的人说："我一时鬼迷心窍，偷了你的牛，你怎么罚我都行，只求你不要告诉王烈。"这话传到王烈的耳朵里。他听了，他立即托人赠给偷牛人一匹布。有人不理解，王烈解释道："做了贼而不愿让我知道，说明他有羞耻之心，我送布给他是为了激励他改过自新。"后来，这个曾经偷牛的人果然金盆洗手，而且变成了一个乐于助人、拾金不昧的好人。

与众不同的谢览

萧衍是我国历史上南朝的一位皇帝。在萧衍即将当皇帝的时候，人们见了他都歌功颂德，萧衍自己也志得意满，十分高兴。但这时有一个人却与众不同，他见了萧衍既不恭维，也

不拘束，给萧衍行礼后，转身就走。萧衍见此情景，沉默了好大一会儿，然后问旁边的官员："这位年轻人是谁？"手下人告诉他这个人叫谢览。萧衍记住了这个名字。他对这位年轻人不卑不亢、坦然自若的样子很赞赏，决定重用他。

孟母三迁

孟轲是战国时期著名的思想家，相传他小的时候，孟母为了教育他，曾经三次搬家。最早，孟轲家住在一片墓地附近，孟轲经常模仿出殡的场景。孟母怕孟轲误入歧途，就把家搬到了人多的集市上，孟轲又开始学着隔壁的商人杀猪卖肉。孟母十分担心，又把家搬到了一个学堂附近。从此，孟轲就跟着私塾里的先生专心学习礼仪，学业不断长进，孟母终于满意了，便长期定居下来。

孔圣人学礼法

春秋时，孔子在鲁国做司寇，代理相国的职务，他服侍君王非常尽心。上朝时，和上大夫交谈，态度中正自然；和下大夫交谈，态度和乐轻松。进入国君的宫门时，低头弯腰，态度恭敬；快到国君面前时，小步快行，态度端谨。走进周公的庙里，每一种事情的礼仪，都要向人询问，以免失礼。我们也要以孔子为榜样，每到一个新的环境，首先要询问此地的礼仪和规矩，决不能随心所欲，要做一个有德行、有修养的人。

代人行孝

张苍是西汉的丞相，同时也是一个非常尊敬长辈的人。张苍年轻的时候曾经得到王陵许多的照顾，所以，张苍当官以后，为了感谢王陵，常常像对待父亲一样照顾他。后来，王陵死了，张苍这时已经是朝廷的丞相，但他常常在公务之余，先去照顾王陵的母亲，甚至亲自伺候王母吃饭，然后再回家处理自己的私事。张苍贵为丞相，能这样谨慎地照顾长辈，足见中华民族尊老美德的源远流长。

海神妈祖

北宋时福建有一位女子叫林默，相传她从出生到满月都不啼不哭，所以取名"默娘"。去世后，人们又称她"海神——妈祖"。

林默小时候非常聪颖，不同一般的女子。八岁时，从塾师训读，悉解文意。十余岁，喜静焚香，诵经礼佛。林默秉性聪颖，善观天象，救人济世，治病救人，拯救海难，是福建莆田湄洲的一位传奇式人物。

相传妈祖在世时，有一年，阴雨连绵，福建与浙江两省深受水灾之害。当时当地官员上奏朝廷，皇帝下旨就地祈求停雨，但祈求毫无效果。当地请求妈祖解害，妈祖说："灾人积恶所致，既然皇上有意为民解害，我更是应当赦佑。"于是焚香祷告，突然天开始起大风，并见云端有虬龙飞逝而去，天空晴朗了。那一年百姓还获得了好收成，人们感激妈祖，地方官于是为妈祖向朝廷请功并获准得到褒奖。

还有一年莆田瘟疫盛行，县尹全家也染上了疾病，有人告知县尹，妈祖有解难之法力。于是，县尹亲自拜请妈祖，妈祖念他平时为官不坏，加上他是外来官，告诉他用菖莆九节煎水饮服，并将咒符贴在门口。县尹回去后遵嘱施行，不日疾病痊愈。

她的父亲和哥哥都是船夫。有一次出海，他们的船遇到了海难，虽然经过林默和大家的努力父亲得救了，而哥哥却再也没有回来。后来，林默为了避免更多的人遭遇哥哥那样的悲剧，经常冒着危险去救助那些过往的船只。

有一次，乡亲们要出海，林默观天象后，就告诉他们海上有大风不便出海。可是，乡亲们为了养家糊口，坚持要出海。林默很是无奈，便告诉他们，如果真发生了海难，你们一定要看哪里有亮光，就往哪里行驶。当天，真的发生了海难，狂风大作，风起云涌，所有的航标全部失灵。这时，林默为了解救乡亲们，毫不犹豫地把自己的房子点着了，熊熊大火将海面照得通亮。由于她的慈悲和大爱，乡亲们看到光亮后都得救了。

　　由于操劳过度，在宋雍熙四年（公元987年）农历九月初九，年仅28岁的林默在湄洲岛过早地去世了，传说林默"羽化升天"了。在太平洋东岸，台湾有座雄伟辉煌的庙宇——湄洲祖庙，供奉着世界闻名的"海神——妈祖"。

　　后来，人们为了纪念林默，在我国沿海的许多地方，专门修建祠堂纪念她。如今妈祖已成为很多人敬仰和崇拜的偶像。

孔子讲学

　　孔子是我国古代著名的教育家、思想家，他最早创立私塾，招收学生。相传孔子有弟子三千人，得意门生七十二人。孔子很重视对学生的"因材施教"，他根据每个人的特点，分别用不同的方法进行教育。他

着重培养德行、言语、政事和文学方面的人才。孔子还十分强调学以致用、学思结合，并要求学生，对于学习过的东西，要经常复习，温故而知新。孔子留下的许多宝贵的教学经验，对今天的教育仍具有借鉴意义。

苦心劝父

从前有一个叫孙无觉的少年，小时候就十分懂事，很有孝心，可是他的父亲却是一个反面教材，十分不孝顺。一天父亲把爷爷丢到山里，孙无觉看到就跪在前面说不要丢了爷爷，父亲不听还打了他，孙无觉再次以泪恳求，父亲坚决不从。这时候孙无觉背着父亲扔爷爷的筐准备回来。父亲说："把这只筐丢了，拿回去有什么用。""等到你老了，我好用它来装你，把你也扔到山里来啊。"孙无觉说。父亲一听大吃一惊，立即改变主意，马上把父亲又背回了家，从此以后对父亲十分的孝敬。

李季焚须

唐朝有一个大臣叫李季，因为功劳大被唐朝封官并且做了宰相。有一次，他的姐姐生了病，李季就亲自为姐姐烧火煮粥，忽然一阵风吹来居然把李季的胡须烧着了。姐姐看了说，家里这么多佣人，怎么能让你给我煮粥呢。李季说，姐姐和我都已经老了，就是想煮还能煮多久呢？我心里就是想能为姐姐做点事，以感激姐姐小时候对我的关心和爱护。

轻财重义

　　卜式是西汉时期著名的贤士,他对弟弟十分友好,照顾得也非常周到。父母去世以后兄弟二人分家,他把家里所有的财产都给了弟弟,自己只要了一百头羊,每天都到深山里放羊,把那些羊养得肥肥壮壮的,后来羊越来越多,卜式买了田地,置办了房屋。而这时他弟弟因经营不善而破产,弟弟来找他,他不忘手足之情,又把自己的一半财产给了弟弟。卜式顾念兄弟情谊,轻财重义的高尚行为值得我们好好学习。

闻鸡起舞

　　晋朝的时候有一个人叫祖逖,他是一个胸怀坦荡,有远大抱负的人。

年轻的时候，祖逖和好友刘琨志同道合，感情深厚，常常同床而卧，同被而眠。一次半夜里祖逖在睡梦中听见公鸡的鸣叫声，他一脚把刘琨踢醒，对他说，别人都说半夜听到鸡叫不吉利，我偏不这样想，咱们干脆以后听到鸡叫就起床练剑如何？刘琨说："好啊，那我们现在就去练剑。"于是他们每天听到鸡叫就起床练剑。春去冬来，寒来暑往，他们终于练得一身好功夫，实现了报效国家的愿望。我们也应该珍惜现在的大好时光，发奋努力，争取以后干出一番事业来。

道听途说

周朝时候的宋国，有一户人家姓丁，家里离井很远，每天用水必须有一个老人来挑水供全家使用。后来丁家在自己的院子里打了井，用水就方便了，还省了一个劳动力。结果这件事，一传十，十传百，居然传成了丁家在院子里打井，挖出一个人来。这事传到了宋国国君那里，他便派人到丁家了解。丁家仆人说："我们家是因为在家里打井而省下一个劳力做别的事，而并不是在井中挖到一个人。可见我们不要轻易相信道听途说，更不要以讹传讹。

曾子自省

　　曾子是孔子的学生,是一个进学注重道德修养的人。他总是说,吾日三省吾身——为人谋而不忠乎? 与朋友交而不信乎? 传不习乎? 也就是说每天晚上睡觉之前总要反醒自己的所作所为——为别人办事是否不够尽心? 与朋友交往是否不够诚信? 老师传授的学业是不是温习了? 曾子这种勤于反思时时注意加强自身品德修养的做法值得我们学习,我们也应当反思自己的所作所为,也要观察别人的所作所为,别人好的地方我们借鉴,不好的地方我们要时时注意,不断提升自我。

宽以待人

　　宋朝时,王旦任宰相,寇准任枢密使,王旦为人以宽厚著称,寇准则性情刚直,为人坦率。一次王旦发公文,格式写错了,寇准将此禀告了皇上,使王旦受了责备,王旦不但没有记恨寇准,还一直在皇上面前称赞寇准的人品,皇帝便说:"你经常夸奖寇准,可他总是揭你的短处。"王旦说:"我担任宰相,一定有很多过失,他能及时指出我的错误,可见他确实忠心耿耿,这正是我敬重他的原因。"寇准知道后拜见王旦说:"你真是一位宽厚仁义的君子。"是啊,品德高尚的人一定能得到别人的尊重。

千金买邻

　　南北朝的时候有个叫吕僧珍的人，为人正直，有胆有谋，受到人们的尊敬和爱戴。因为他的品德高尚，人们都愿意跟他接近和交往。当地有一个人把他邻居的房子买来居住，有人问他花了多少钱，那人说一千一百两银子，别人认为太贵。那人说："一百两是用来买房子的，一千两是用来买邻居的。"我们平时要与有上进心的朋友多交往，近朱者赤，近墨者黑，只有跟品德高尚的人在一起，我们才能够不断地进步。

交友之戒

　　三国时刘伟与魏讽的关系不错，刘伟的哥哥了解魏讽的为人，知道他是一个玩世不恭扰乱社会的人，就劝弟弟说："做人一定要同那些品格高洁的人交往，这样会对你有帮助，如果和那些品德不良的人交往，后果会不堪设想。我看魏讽这个人品德不端，喜好结交一些不三不四的人，你最好不要跟他来往，以免将来受他连累。"可刘伟没有听哥哥的劝告。后来魏讽因作乱犯法招致灾祸，刘伟因和他来往密切而受到牵连，他后悔没有听哥哥的劝告，可是已经来不及了。

王瞻读书

王瞻是南北朝时著名的学者，从小喜欢读书，做什么都很认真，读书时很用心。一天跟同学正在读书，忽然外面传来钟鼓声，原来是有户人家结婚，同学都坐不住了，都跑去看热闹，只有他一动不动，还在读书。老师见他那么小却有定力，很赞叹，说他将来一定很有出息。后来，王瞻真的很有成就，成为著名的学者。

三人虎

魏国大夫庞恭，将要陪魏太子到赵国去作人质，临行前对魏王说：

"假如一个人说街市上出现了老虎,大王相信吗?"

魏王道:"我不相信。"

庞恭说:"如果两个人说街市上出现了老虎,大王相信吗?"

魏王道:"我将信将疑。"

庞恭又说:"倘若三个人说街市上出现了老虎,大王相信吗?"

魏王道:"我相信了。"

庞恭就说:"街市上不会有老虎,这是很明显的,可经过三个人一说,好像真的有老虎了。现在赵国离魏国比这里的街市远多了,议论我的又不止三个人,如果我走后有人说我坏话,希望大王明察才好。"

魏王道:"一切我自有分寸。"

后来太子结束了人质的生活,但魏王果真听信了小人谗言,没有再召见庞恭。

孟子欲休妻

孟子的妻子独自一人在家里,伸开两条腿坐着。孟子进门看见了,就对他母亲说:"这个妇人太不懂礼节了,请让我把她休了。"孟母问:"为什么?"孟子说:"她伸开两条腿坐着。"孟母问:"你怎么知道的?"孟子说:"我亲眼看见的。"孟母说:"这是你没有礼节,不是你妻子没有礼节。《礼》上不是说:'将要进门的时候,要先问清楚里面都有谁;上了台

阶将要进入房内时，必须要提高声音让房内人知道你要进去；将要进屋门时，眼睛必须往下看。'《礼》上的这些都是为了不让人无所防备。而今你进入你妻子闲居休息的地方，进门时没有任何声响，这才被你看到了她伸开两条腿坐着。这是你没有礼节，不是你妻子没有礼节。"母亲的一番话，使孟子知道了自己的不是，便不再休妻了。

知足以距谏，言足以饰非

据《史记》记载，商朝最后一位国君——纣王，并不是无能之辈。他能文能武，才思敏捷，勇力过人，颇有辩才，"知足以距谏，言足以饰非"，即智力足以反驳一切意见，辩才足以掩饰一切过错。但他荒淫无道、暴虐成性，稍不高兴就杀人，甚至用成百上千的人作祭祀，把他们活活烧死，以致民怨沸腾，众叛亲离。后来周文王、武王兴仁义之师，联合附近八国讨伐商纣。最终，在牧野之战中，不到一上午的时间，商纣就全军溃败。纣王见大势已去，便在鹿台上点火，带着他的锦衣珠玉自焚而死，商朝也从此灭亡。周朝建立之后，周王为谋求天下的长治久安，吸取商朝灭亡的经验教训,确定了"以德治国"的施政纲领,人们也逐渐认识到了德的重要性。

胖嫂为看母丢孩

　　民间有这样一则故事:胖嫂生了个可爱的小宝宝,不久她收到母亲的来信,折开一看,信中说:"我生了重病……"还没有看完,胖嫂就心急如焚,立刻抱着宝宝要去看母亲。结果宝宝的小被子一时不见了,她翻箱倒柜找到之后,抱起宝宝连夜赶路。

　　路过一片西瓜地,胖嫂被瓜蔓绊倒了,手中的宝宝也不见了。黑灯瞎火的,她忍着痛,到处摸,摸到"宝宝"后继续赶路。

　　终于来到母亲家,结果大门紧锁,胖嫂觉得好像出事情了,就拍门痛哭。结果她母亲正好从外面回来,她一看母亲很健康,忙翻出那封信再看,原来信后面还有一句:"现在病已经好了,不要挂念。"

　　母亲想瞧瞧自己的外孙,打开襁褓一看,竟然是个大西瓜。她们马上到瓜地里找,结果拾到一个枕头。她们又赶紧跑回家,发现小宝宝被扔在家里,睡得特别香。

"礼"于城楼

　　欧阳修是北宋著名文学家,在散文、诗词方面有极高的成就,对后世影响深远。他自幼就聪明好学，通达情理。12岁那年，他身背行囊去襄阳求学，由于路途遥远，到达时城门已关，只有一个老兵在城楼上站岗。欧阳修恭恭敬敬地向老兵躬身施礼道："学生远道来此求学，请老伯开门放学生进城。"老兵见欧阳修礼貌周全，便起了爱怜之心，于是走下城楼，为他开门。

个人威仪的力量

春秋时期有个昏君荒淫无道，他有一位大臣叫赵宣子，为人忠诚，时时处处都在劝谏君主。君主很不耐烦，有一天突然起了歹念，雇杀手想把赵宣子杀掉。这个杀手叫锄，天不亮就到了赵宣子的家。这时赵宣子已经起床，端端正正穿好朝服，在那儿闭目养神，等着上早朝。杀手见了很感动，心想："一个人平时都毕恭毕敬，这绝对是国家的栋梁。假如我杀了他，就是不忠，对不起国家，对不起人民；假如不杀他，又失信于君主，这是不信。不忠不信，哪能在世上做人呢。"最后他不得已，就撞树自杀了。可见，一个人的威仪如理如法，竟可以产生这么大的力量。

"懒人"王安石

中国著名政治家王安石，论诗谈史，无所不知，可他有个毛病——

不爱卫生。由于长期不洗澡、不洗脸，使得他身上长了虱子。有一次他跟大臣面见皇上，一只小虱子爬到了胡须上，皇上看到后，忍不住笑出了声，他还不知道怎么回事，等出门问同僚才明白过来。从此这成了千古笑谈。所以，穿衣服务必要干净。

苏东坡说教韩维

从前，韩维的女婿去拜访苏东坡时，说韩维自认为年老多病、来日无多，打算沉浸于声乐酒色之中，以娱晚年。苏东坡说："正因为已是残年，就更不应该这样做了。"他讲了一个故事：

前不久有一位老人，生死关头，极为了然。在临终那天，他置办酒席，聚会亲友。酒席快要结束时，他与众辞别，奄奄一息，即将离世。他的儿子齐声呼唤，请他留句话，作为对后世子孙的教训。老人说："只且第一五更起。"几个儿子不明白是什么意思，老人说："只有五更起来，才可以办自家事。日出之后就干不了了。"儿子们说："咱家比较富裕，哪里用得着早起？家中的事，都是自家事，哪里有分别？"老人说："不。所谓自家事，是死时带得走的东西。如果我平日只忙于添财置产、衣食劳碌，那我今天要去了，又有什么可带得走呢？"众人听后颇有领悟。

苏东坡接着说："你回去给我带个话儿，请转告你岳父：赶紧预办自家事，不要把日渐消弱的精力耗费在声色之中。最好多想一想，临命终时自己能带走什么？"

无障碍读国学

听取教诲的车夫

春秋时期齐国有个相国晏婴，他的车夫就喜欢在大庭广众中招摇，驾车的时候傲气冲天、神气活现。他的妻子很懂礼，见此情景，对他说："你看我们相国，有那么好的修养和学问，但始终谦恭有礼、毫不张扬。你不过是一个车夫，一点学问都没有，却天天趾高气扬、洋洋自得，你有什么好炫耀的？"他听后深感惭愧，自此以后，变得谦逊谨慎起来。晏婴对车夫的变化感到奇怪，追问之下，对他勇于改过的态度感到满意，后来推荐他做了大夫。

程门立雪

宋代有两位学者很出名，他们分别是程颢、程颐。最初杨时与游酢在程颢门下求学，程颢离世后，二人又结伴到程颐那里去。那天正好大雪纷飞，他们冒雪到了那儿，发现程颐正在午睡，他们不敢打扰，就在门外站着等候。当程颐醒来时，打开门一看，他们两人已经成了雪人，脚下的雪积了一尺多厚。从他们的行为中，程颐看到了对师长的恭敬和求学的热情，因而将自己毕生的知识倾囊相授。这就是历

三令五申

孙武流寓于吴，吴王想试试孙武的军事才能，就将180名年轻宫女交给孙武操练。孙武将宫女分作两队，让吴王的宠姬当队长。孙武向宫女们交代了口令之后击鼓传令，宫女们一阵哄笑，队伍乱成一片。孙武再一次下达命令，宫女们只觉得好玩，根本不听命令。孙武说号令既然已经明白又不听令，这是头领之罪，下令将两名队长处死。吴王急忙叫人传令不能斩杀王妃，孙武仍然杀了两个王妃。然后，孙武重新操练宫女，这回没人敢不听号令了。

李世民劝父

李世民在年轻时，天下很乱，他常陪同父亲李渊一起打仗。一次，李渊决定连夜拔营，攻打另外一个地方。李世民从各方面分析后，认为可能有埋伏，肯定没办法成功，就再三劝阻父亲。父亲不采纳他的建议，眼见整个军队就要拔营了，李世民在军帐外面嚎啕大哭。李渊见儿子哭得那么伤心，所分析的道理又比较中肯，于是及时停止了进攻行动。之后李渊与儿子李世民，平定了各地的贼寇，奠定了唐朝的基业。

围魏救赵

战国时，魏军围困赵国京城邯郸。赵国向齐国求救，齐威王命田忌为将，孙膑为军师，出兵救赵。田忌原想直接引兵去救赵国的邯郸，孙膑主张引兵去围攻魏国的京城大梁，魏必回兵自救，这样，不但能解除赵国的围困，还能使魏军疲劳不堪。田忌采纳了孙膑的策略，引兵直奔大梁。魏军闻讯急忙撤回围攻邯郸的部队，星夜回军援救大梁。走到桂陵，齐军以逸待劳迎击魏军。魏军大败，几乎全军覆没。

胡服骑射

战国时，赵国国君武灵王决心变革图强。武灵王见胡人（少数民族）身着窄袖短褂便服，骑着战马，边跑边射箭，行动迅疾，十分灵活，便决定向胡人学习，改革士兵服装，发展骑兵。不到一年功夫，赵国就拥有一支强大的骑兵，经过南征北战，赵国成了当时强国之一。

真诚孝心感动父

从前，舜的母亲死得早，父亲和继母讨厌他，多次想杀他。但舜很聪明，每次父亲让他做事，他马上赶到；而准备杀他时，就逃走了。一次他往粮仓里装粮食，父亲觉得有机可乘，便取下梯子，在下面点火想烧死他。幸好他有两个斗笠，就把它当翅膀，飞了下来。后来父亲让他挖地洞，他知道是要杀他，就提前备了一个暗道。当挖到中间时，父亲和另一个儿子开始填土，想把他活埋，结果他从暗道出来了。这种事虽遭遇过多次，但舜并没有认为："你天天想杀我，所以我要报仇。"他始终逆来顺受，以真诚孝心对待父母。后来尧知道了，认为舜有继承王位的德行，就把王位传给了他。

小杖则受 大杖则走

曾参侍奉父母，尽心尽力。有一次，曾参的父亲曾点叫他去瓜地锄草，曾参不小心将一棵瓜苗锄掉。曾点认为其子用心不专，便用棍子责打。由于出手太重，将曾参打昏。当曾参苏醒后，并没有因为被误打而忿忿不平。孔子知道此事后教训他说："小杖则受，大杖则走，今参委身待暴怒，以陷父不义，安得孝乎！"如果大杖不走，让父亲在盛怒之下将其打死，就会令父亲受不义之恶名，造成终身遗憾。曾参承认说："参罪大矣！"

聂政养母

聂政是战国时期的一位大侠士,很孝顺自己的母亲,父亲去世后,他和母亲一起生活。由于他是一个有名的侠士,所以常有人请他出门行侠仗义、打抱不平。但是因为有母亲在,所以遇有危险的事,聂政总是刻意回避。

一次,一位朋友要他替自己去刺杀仇人,聂政告诉那人说:"现在有母亲在,不能出去,以后再说吧。"几年后,聂政母亲去世,他安葬了母亲,就离开家为朋友报仇去了。这次出门后,聂政再也没有回来,他刺杀了朋友的仇敌后也死在了当场。

孔子曰:"父母在,不远游,游必有方。"聂政孝母的做法是值得我们学习的。但当今社会,我们为了求学或生存,不可能不离开父母一段时间,但我们的心不能离开父母,要时刻惦念着父母,常常和父母保持联系,以免父母为我们牵肠挂肚。

刘备教子

三国的时候,刘备临终时对儿子刘禅不放心,除了把他托付给丞相

诸葛亮，还给刘禅留下了一封信来教育他。信中说："勿以恶小而为之，勿以善小而不为。惟贤惟德，能服于人。"这就是说，不要认为小的坏事就可以胡作非为，不要认为小的好事就可以不做；只有品德良好才能让人信服。后来，刘禅在诸葛亮的辅佐下，蜀国没有出现大的失误。诸葛亮死后，刘禅开始宠信宦官，逐渐放纵自己，最终蜀国被曹魏灭掉，刘禅也成了俘虏。

董卓的恶行

董卓是东汉末年的军阀，他带领军队来到国都；废掉了汉少帝刘辨，另立汉献帝刘协为傀儡皇帝，并从此独揽朝政。董卓专权期间，对朝廷中的大臣肆意杀戮，对天下百姓任意欺凌。结果，他的暴行引起了人们的愤怒，司徒王允等人联合起来利用美人计一举将他除掉。董卓死后，他的家属也因此受到株连，当时他的母亲已经90多岁了，也被处死。董卓的恶行不仅使其家庭受到牵连，甚至连年迈的老母也无法尽享天年，实在是可悲啊！

窃符救赵

战国时,秦国派兵围攻赵国的都城邯郸。赵国向魏国求救,魏国派兵前去救赵。秦国听说魏国派兵救赵一事,派人去魏国威胁魏王,魏王屈服于秦国,下令让前去救赵的魏兵按兵不动。赵王向魏国公子信陵君写信求救。信陵君曾为魏王的宠妃如姬报了杀父之仇,信陵君请求如姬从魏王那里盗出了兵符,从而夺取了兵权,率领几万精兵,奔赴邯郸,打败了秦军,解了邯郸之围。

木兰替父从军

唧唧唧唧,木兰对着门在织布。花木兰的爸爸听不到织布的声音,只听见女儿的叹息声。

花木兰的爸爸问:姑娘你这样叹息是在思念什么,在回想什么呢?木兰回答道:"木兰没有思念什么,也没有回想什么。"

昨夜我看见军中的文告,知道皇上在大规模地征兵,征兵的名册很多卷,上面有父亲的名字。父亲没有大儿子,木兰没有兄长,但木兰愿意为此去买鞍马,从此替代父亲去应征。"

东市买骏马，西市买马鞍下的垫子，南市买驾牲口用的嚼子和缰绳，北市买驾牲口的鞭子。早上辞别父母上路，晚上宿营在黄河边，听不见父母呼唤女儿的声音，只能听到黄河的流水声。早上辞别黄河上路，晚上到达黑山头，听不见父母呼唤女儿的声音，只能听到燕山胡人的战马啾啾的鸣叫声。

不怕万里征程的遥远，奔赴战场，像飞一样地跨过一道道的关，越过一座座的山。北方的寒气传送着打更的声音，清冷的月光映照着战士们的铁甲战袍。征战多年，经历很多战斗，许多将士战死沙场，木兰等幸存者胜利归来。

胜利归来朝见天子，天子坐在殿堂上（论功行赏）。木兰被记了很大的功劳，赏赐了很多财物。天子问木兰想要什么，木兰不愿做官，只希望骑上一匹千里马，送木兰回故乡。

父母听说女儿回来了，互相搀扶着到外城来迎接木兰；姐姐听说妹妹回来了，对着门户梳妆打扮起来；弟弟听说姐姐回来了，忙着霍霍地磨刀准备杀猪宰羊。（木兰回到家里）打开东边的阁楼门，坐坐西边内房的坐榻，脱去我打仗时穿的战袍，穿上我以前女孩子的衣裳，对着窗子整理像云一样柔美的鬓发，对着镜子在额上贴好花黄。出门去见同去出征的伙伴，伙伴们都很吃惊，说："我们同行多年，竟然不知道木兰是女孩子。"

把兔子耳朵拎起时,雄兔的两只前脚时时动弹,雌兔的两眼时常眯着。雄雌两兔一起并排着跑,怎能分辨得出哪个是雄兔,哪个是雌兔呢?

孔融语出惊人

孔融小时候,不仅学习勤奋,而且善于思考。父亲外出拜客总是带着他去。10岁那年,他随父亲来到洛阳。正逢洛阳太守李膺大府内走。这时守门人忙把孔融拉,问道:"你是哪家小孩,到一边玩去!"孔融严肃地回答说:"请你们进去通报,山东孔融来访。"守门人见他一本正经,也不知是什么来头?笑着问:"小公子,可有红贴?"孔融说:"我家和你家主人世代交往,又有师生之谊,无需红贴,只管通报。"守门人怕慢待贵客,只好进去通报。这时李膺正和许多文人雅士交谈,听了通报,一时想不起这位孔融和自己家庭是什么关系,只好让孔融进来。小孔融兴冲冲走进大厅,一边向主人问候,一边拱手招呼各位来宾,态度不亢不卑。李膺一边让座,一边打量着这位俊才少年,心里好生奇怪:这小孩从未见过面,而他为何自称通家呢?于是,李膺问道:"小公子,你说

我们两家世代交情，我怎么想不起来啊！"孔融微笑着说："500年前孔子曾经问礼于老子，孔子姓孔，老子姓李，说明孔、李两家500年就有师生之谊。今你姓李姓我姓孔，也是师生关系，我们两家不是世家吗？"

孔融语出惊人，在座的客人无不暗暗称奇。太守李膺不禁哈哈大笑起来："小公子真神童也。"唯有太中大夫陈韪不以为然，冷冷地说："小时候聪明的人，长大后未必有作为。"面对挑战，孔融笑着说："这样说来，先生小时候一定很聪明。"这一巧妙对答，弄得陈韪面红耳赤无言回对，暗暗坐在一旁生气。孔融则目不斜视，装着大人模样，一本正经地喝着茶，引得众人哈哈大笑。

背母逃难

这个故事发生在济阳（现在指的是河南）。有一位名叫江革的小伙子，他的父亲很早就离开了人世，他的母亲体弱多病，小江革只好上山打柴，赚几个铜板来维持生活。还要为母亲洗衣做饭，打扫庭院，日子过得非常辛苦。但邻居都夸奖江革是个孝顺的孩子。

国内战争开始了，母亲跟着江革四处逃难，有一次，他给母亲煎草药，突然，听到有人在喊："土匪来了，快逃命吧！"江革背起母亲，提起药壶。向逃难的人群跑去，没跑多久，就被土匪给拦住了，土匪让江革把钱交出来，否则杀了你们。江革哪有钱啊？这时，土匪头子看见他手中提的

药壶，还背着一位白发苍苍的老太太，说："这样你不就更逃不掉了吗？"江革如实的告诉土匪，说："我是穷苦百姓，什么财物都没有，我的母亲身患重病，我不能扔下她自己逃命，没有母亲哪有我呢？所以我就背着母亲一起逃难了。"江革的这番话，使得土匪不仅没有杀害江革母子，还指给他们一条平安路。战争过后，江革靠给地主家当长工挣钱，母亲吃得饱，穿得暖，有时江革还用驴车拉着母亲，到处转一转。母亲愉快地度过了晚年。

　　危难时刻，江革并没有抛下卧床不起的母亲，而是背着她一起出逃。他这种孝心实在让我们佩服。同学们，我们一定要学习他这种孝敬父母，尊老爱幼的优良美德。

曾子杀猪

　　曾子是孔子的学生。有一次，曾子的妻子准备去赶集，由于孩子哭闹不已，曾子妻许诺孩子回来后杀猪给他吃。曾子妻从集市上回来后，曾子便捉猪来杀，妻子阻止说："我不过是跟孩子闹着玩的。"曾子说："和孩子是不可说着玩的。小孩子不懂事，凡事跟着父母学，听父母的教导。

现在你哄骗他，就是教孩子骗人啊。"于是曾子把猪杀了。曾子深深懂得，诚实守信，说话算话是做人的基本准则，若失言不杀猪，那么家中的猪保住了，但却在一个纯洁的孩子的心灵上留下不可磨灭的阴影。

戏彩娱亲

老莱子，春秋时期楚国隐士，为躲避世乱，自耕于蒙山南麓。他孝顺父母，尽拣美味供奉双亲，70岁尚不言老，常穿着五色彩衣，手持拨浪鼓如小孩子般戏耍，以博父母开怀。一次为双亲送水，进屋时跌了一跤，他怕父母伤心，索性躺在地上学小孩子哭，二老大笑。

卖身葬父

董永，相传为东汉时期千乘（今山东高青县北）人，少年丧母，因避兵乱迁居安陆（今属湖北）。其后父亲亡故，董永卖身至一富家为奴，换取丧葬费用。上工路上，于槐荫下遇一女子，自言无家可归，二人结为夫妇。女子以一月时间织成三百匹锦缎，为董永抵债赎身，返家途中，行至槐荫，女子告诉董永：自己是天帝之女，奉命帮助董永还债。言毕凌空而去。因此,槐荫改名为孝感。

埋儿奉母

郭巨,晋代隆虑(今河南林县)人,一说河内温县(今河南温县西南)人,原本家道殷实。父亲死后,他把家产分作两份,给了两个弟弟,自己独取母亲供养,对母极孝。后家境逐渐贫困,妻子生一男孩,郭巨担心,养这个孩子,必然影响供养母亲,遂和妻子商议:"儿子可以再有,母亲死了不能复活,不如埋掉儿子,节省些粮食供养母亲。"当他们挖坑时,在地下二尺处忽见一坛黄金,上书"天赐郭巨,官不得取,民不得夺"。夫妻得到黄金,回家孝敬母亲,并得以兼养孩子。

千里送鹅毛

"千里送鹅毛"的故事发生在唐朝。当时,云南一少数民族的首领为表示对唐王朝的拥戴,派特使缅伯高向太宗贡献天鹅。路过沔阳河时,好心的缅伯高把天鹅从笼子里放出来,想给它洗个澡。不料,天鹅展翅飞向高空。缅伯高忙伸手去捉,只扯得几根鹅毛。缅伯高急得顿足捶胸,号啕大哭。随从们劝他说:"已经飞走了,哭也没有用,还是想想补救的

方法吧。"缅伯高一想，也只能如此了。到了长安，缅伯高拜见唐太宗，并献上礼物。唐太宗见是一个精致的绸缎小包，便令人打开，一看是几根鹅毛和一首小诗。诗曰："天鹅贡唐朝，山高路途遥。沔阳河失宝，倒地哭号啕。上复圣天子，可饶缅伯高。礼轻情意重，千里送鹅毛。"唐太宗莫名其妙，缅伯高随即讲出事情原委。唐太宗连声说："难能可贵！难能可贵！千里送鹅毛，礼轻情意重！"这个故事体现着送礼之人诚信的可贵美德。今天，人们用"千里送鹅毛"比喻送出的礼物单薄，但情意却异常浓厚。

宋濂冒雪访师

　　明朝著名散文家、学者宋濂自幼好学，不仅学识渊博，而且写得一手好文章，被明太祖朱元璋赞誉为"开国文臣之首"。宋濂很爱读书，遇到不明白的地方总要刨根问底。这次，宋濂为了搞清楚一个问题，冒雪行走数十里，去请教已经不收学生的梦吉老师，但老师并不在家。宋濂并不气馁，而是在几天后再次拜访老师，但老师并没有接见他。因为天冷，宋濂和同伴被冻得够呛，宋濂的脚趾都被冻伤了。当宋濂第三次独自拜访的时候，掉入了雪坑中，幸被人救起。当宋濂几乎晕倒在老师家门口的时候，老师被他的诚心所感动，耐心解答了宋濂的问题。后来，宋濂为了求得更多的学问，不畏艰辛困苦，拜访了很多老师，最终成为了闻名遐迩的散文家。

曾子避席

　　"曾子避席"出自《孝经》，是一个非常著名的故事。曾子是孔子的弟子，有一次他在孔子身边侍坐，孔子就问他："以前的圣贤之王有至高无上的德行，精要奥妙的理论，用来教导天下之人，人们就能和睦相处，君王和臣下之间也没有不满，你知道它们是什么吗？"曾子听了，明白老师孔子是要指点他最深刻的道理，于是立刻从坐着的席子上站起来，走到席子外面，恭恭敬敬地回答道："我不够聪明，哪里能知道，还请老师把这些道理教给我。"在这里，"避席"是一种非常礼貌的行为，当曾子听到老师要向他传授时，他站起身来，走到席子外向老师请教，是为了表示他对老师的尊重。曾子懂礼貌的故事被后人传诵，很多人都向他学习。

张良拜师

　　张良在下邳闲暇无事。有一天他到下邳桥上散步，碰到一位老人，穿着粗布短衣，走到张良旁边，故意把他的鞋子掉

到桥下。然后回过头来冲着张良说："孩子！下桥去给我把鞋子拾上来！"张良听了一愣，很想打他一下，但一看他是个老人，就强忍着怒气，到桥下把鞋拾了上来。那老人竟又命令说："把鞋子给我穿上！"张良一想，既然已经给他拾来了鞋子，不如就给他穿上吧，于是就跪在地上给他穿鞋。那老人把脚伸着，让张良给他穿好后，就笑嘻嘻地走了。张良一直用惊奇的目光注视着他的去向。那老人走了几里路，又折回身来，对张良说："你这个孩子是能培养成才的。五天以后的早上，天一亮，就到这里来同我会面！"张良跪下来说："是。"第五天天刚亮，张良到了下邳桥上。不料那老人已经等在那里了，见了张良就生气地说："和老人约会，怎么迟到了？以后的第五天早上再来相会！"说完就离去了。到第五天早上，鸡一叫，张良就赶去，可是那老人又等在那里了，见了张良又生气地说："怎么又掉在我后面了？过了五天再早点来！"说完又走了。到第五天，张良没到半夜就赶到桥上，等了好久，那老人也来了，他高兴地说："这样才好。"然后他拿出一本书来，指着说道："认真研读这本书，就能做帝王的老师了！过十年，天下形势有变，你就会发迹了。再过十三年，你就会在济北郡谷城山下看到我——那儿有块黄石就是我了。"老人说完就走了。

早上天亮时，张良拿出那本书来一看，原来是《太公兵法》（辅佐周武王伐纣的姜太公的兵书）！张良十分珍爱它，经常熟读，反复地学习、研究。

十年过去了，陈胜等人起兵反秦，张良也聚集了一百多人响应。沛公刘邦率领了几千人马,在下邳的西面攻占了一些地方,张良就归附于他,成为他的部属。从此张良根据《太公兵法》经常向沛公献计献策,沛公认为很好,常常采用他的计谋,后来成了刘邦运筹帷幄,决胜千里的军师。刘邦称帝后,封他为留侯。

张良始终不忘那个给他《太公兵法》的老人。十三年后,他随从刘邦经过济北时,果然在谷城山下看见有块黄石,并把它取回,称之为"黄石公",作为珍宝供奉起来,按时祭祀。张良死后,家属把这块黄石和他葬在一起。

孝传五世

在中国古代著名的"二十四孝"中有一则"孝传五世"的故事。据称,宋朝浙江瑞安府永嘉县,有个姓陈,名侃,字君和的人,因事亲至孝,名遍四方。他奉侍双亲,温顺孝敬,从来不让父母心中有忧虑之念。偶遇父母有病,则衣不解带,日夜陪床服侍,亲自做汤熬药。二老逝去后,陈侃悲痛欲绝,真正做到了"事生尽力,事死尽思"的圣人垂训。他的孝行被整个家族引为典范。所以后代子孙人人效法,尊老爱幼,兄弟团结,夫妇和睦,妯娌相亲。以后陈氏家族五代同堂传为佳话。宋皇树坊旌表,赐额曰:"孝门陈君",百姓则称其为"陈孝门"。后人作诗赞曰:至孝事亲世颂扬,子孙代代仰遗芳;同居五世人崇敬,感动枫宸诏表彰。

所以，孝顺是需要言传身教的，如果希望自己的儿女孝顺自己，那么首先应该从自己做起，孝敬长辈，这样一家人不仅和睦，而且尊老爱幼的风气能够得到传承。

多方求学

幼年丧父，少年丧母，年轻的孔子只得完全依靠自己独立谋生。孔子明白，先祖的显赫，父亲的战功，母亲出身曲阜望族，这些固然可以为自己进入社会奠定一定的基础。但是，要在鲁国国都立住脚跟，进一步发展，还得靠自己的努力。多亏母亲在世时的苦心教育，使孔子懂得了许多为人处世的道理，特别是早早懂得了学习对人一生的重要性。"吾十有五而志于学"，小小年纪，孔子就已经立下通过发奋学习来改变自己一生的远大志向了。

对于知识，孔子的态度是"知之为知之，不知为不知，是知也"，懂就是懂，不懂就是不懂，这才是一个人真心求知的表现。孔子是这样说的，也是这样做的。鲁国建有祭祀周公的太庙，孔子初进太庙时，对太庙中的一切都产生了浓厚的兴趣，总向别人问这问那，好像有问不完的问题。有人对孔子这种强烈的求知欲不理解，于是就说孔子的闲话："谁说陬邑大夫的儿子懂得礼呢？他进到太庙，每件事都要问别人。"孔子听说后，一点也不恼火，他说："这正是合乎礼的做法呀。"

对生活在孔子时代的人来说，想要参与贵族政治并且取得一定地位，就要学会礼、乐、射、御、书、数这"六艺"，要熟悉并能遵循当时流行的礼仪，懂得音乐，掌握射箭技术，会驾驭马车，会写字，会计算，这可以说是当时的六门基本功。孔子是非常善于自学和向别人请教的，他应该是全面掌握而且精通这六门基本功的。有一些历史资料，能进一步说明孔子的勤奋、博学。

鲁国东南方有一个小国郯国，是鲁国的附庸国，按例是要定期来朝见鲁君的。鲁昭公十七年（前525年），孔子二十七岁时，郯国的当政者郯子又来朝见鲁君。宴会上，鲁国一个大夫叔孙向郯子问起少昊为什么以鸟作为官名的问题，郯子对此作了详尽的回答。孔子闻听后马上就去向郯子请教有关少昊氏时代职官制度的情况，事后他对别人说："我听说：'天子那里没有管理这类事情的官员，而这类知识却在四方蛮夷那里得到了完整的保留。'现在我相信这是真的。"

孔子在他一生的学习经历中，有一件很大的事情，那就是他曾到当时周天子的首都雒邑（在今河南省洛阳市）专程学习周礼和查阅一些古文献，特别是向一位大学问家老子问礼。老子，姓李，名聃，人们敬称他为老聃、老子。老子曾担任周朝的柱下史，熟悉礼仪典故，当面向老子请教，这也是孔子梦寐以求的。但是，曲阜到雒邑，远隔千里，在当时非常落后的交通条件下要完成这样的旅程无疑是十分艰巨、辛苦甚至是充满危险的，加上孔子自身贫困，没有鲁国贵族的支持和资助几乎是不可能的。辛好当时鲁国贵族孟僖子的儿子南宫敬叔师事于孔子，在他的斡旋下，孔子从鲁君那里得到了一辆车、两匹马和一个跟随童仆的资助，南宫敬叔自告奋勇地陪同，孔子这才得以成行。据记载，孔子这次雒邑之行的收获非常大。他向老子请教了很多东西，如出丧的时候遇

到日食怎么办，小孩子死了该葬到远处还是近处，国家有丧事的时候不避战争对不对，与敌国交战时已死国王的牌位该带还是不该带等等，老子对这些问题都一一作了解答，使孔子获得许多知识。在孔子告别老子准备启程返回的时候，老子还结合自己的丰富阅历再三叮咛孔子一些应该注意的事情。

与老子的这次会面，给孔子留下了非常深刻的印象，使他久久不能忘怀。回到鲁国，他还难以平抑自己激动的心情，见到自己的弟子，孔子还不住地赞美老子说："鸟，我知道它会飞，可是会飞的还常被人射下来。鱼，我知道它会游水，可是会游水的还常被人钓起来。兽，我知道它会走，可是会走的还常落了网。只有一种东西，我们不能控制它，它爱云里来就云里来，他爱风里去就风里去，他爱上天就上天，这就是传说中的龙。我没法捉摸老子这个人，老子就像龙吧。"这段经历，就是后人广为流传的"孔子问礼老聃"的故事。史学界非常看重孔子见老子这件事，他们认为，"老子和孔子都是中国文化史上极其杰出的人物，他们的会见是灿烂的古代文化史上饶有意义的一页。"

少年包拯学断案

　　包拯包青天,自幼聪颖,勤学好问,尤喜推理断案,其家父与知县交往密切,包拯从小耳濡目染,学会了不少的断案知识,尤其在焚庙杀僧一案中,包拯根据现场的蛛丝马迹,剥茧抽丝,排查出犯罪嫌疑人后,又假扮阎王,审清事实真相,协助知县缉拿凶手,为民除害。他努力学习律法刑理知识,为以后的断案打下了深厚的知识基础。

司马光警枕励志

　　司马光是个贪玩贪睡的孩子,为此他没少受先生的责罚和同伴的嘲笑,在先生的谆谆教诲下,他决心改掉贪睡的坏毛病。为了早早起床,他睡觉前喝了满满一肚子水,结果早上没有被憋醒,却尿了床,于是聪明的司马光用圆木头做了一个警枕,早上一翻身,头滑落在床板上,自然惊醒。从此他天天早早地起床读书,坚持不懈,终于成为了一个学识渊博的、写出了《资治通鉴》的大文豪。

藏火夜读

　　北朝有个人叫祖莹,七岁能写诗,八岁能背《诗》《书》,人们称他"圣小儿"。小祖莹脑子灵敏,好学不辍,昼夜攻读。

祖莹读书如饥似渴，每天读书读到深夜，父母怕他累坏身体，就把灯给藏了起来，晚上祖莹想读书，可屋里黑糊糊的，祖莹只能去睡觉了。第二天，祖莹想到了一个办法，他把炭火悄悄地拣在小炉子里，然后盖上一层薄薄的灰。到了夜晚，他拨开灰层，将炭火吹红，再用被单或衣服遮住窗户，不让光线透出，然后拿出书来，用功读起来，有时甚至通宵达旦。后来，他的父母终于知道了，又怪他、又疼他，最后还是将油灯给了他。

祖莹后来成了一名学者和诗人，他"藏火夜读"的故事广为流传，激励着后世千千万万少年儿童。

孔子相师

一天，孔子乘着一辆马车周游列国。来到一个地方，见有一孩子用土围成了一座"城"，坐在里面。孔子就问："你看见马车为什么不躲开呀？"

那孩子眨了眨眼睛回答："我听说您孔老先生上晓天文，下知地理，中通人情。可是，今天我见您却并不怎么样。因为自古到今，只听说车子躲避城，哪有城躲避车子的道理呢？"

孔子愣了一下，问："你叫什么名字？"

孩子答道："我叫项橐（tuó）。"

孔子为了挽回面子，就想出了一连串问题来难项橐。"你的嘴很厉害，我想考考你——什么山上没有石头？什么水里没有鱼儿？什么门没有门闩？什么车没有轮子？什么牛不生犊儿？什么马不产驹儿？什么刀没有环？什么火没有烟？什么男人没有妻子？什么女人没有丈夫？什么天太短？什么天太长？什么树没有树枝？什么城里没有官员？什么人没有别名？"

问完，孔子盯着项橐露出微笑。

项橐想了想说："您听着——土山上没有石头，井水中没有鱼儿，无门扇的门没有门闩，用人抬的轿子没有轮子，泥牛不生犊儿，木马不产驹儿，砍刀上没有环，萤火虫的火没有烟，神仙没有妻子，仙女没有丈夫，冬天白日里短，夏天白日里长，枯死的树木没有树枝，空城里没有官员，小孩子没有别名。"

孔子大惊，这孩子竟智慧过人！

项橐这时不容孔子多想，反问他说："现在轮到我考您了——鹅和鸭为什么能浮在水面上？鸿雁和仙鹤为什么善于鸣叫？松柏为什么冬夏常青？"

孔子答道："鹅和鸭能浮在水面上，是因为脚是方的；鸿雁和仙鹤善于鸣叫，是因为它们的脖子长；松柏冬夏常青，是因为它们的树心坚实。"

"不对！"项橐大声说，"龟鳖能浮在水面上，难道是因为它们的脚方吗？青蛙善于鸣叫，难道是因为它们的脖子长吗？胡竹冬夏常青，难道是因为它们的茎心坚实吗？"

孔子觉得这孩子知识渊博，连自己也辩不过他，只得长叹一声，俯下身子对项橐和蔼地说："后生可畏，我当拜你为师。"回头对弟子们讲："三人行必有我师矣。要不耻下问。"经孔子这一褒奖，项橐便名扬九州，震动朝野。